心理学与人际沟通

彩沄心理 / 编著

中国纺织出版社

内 容 提 要

沟通是人与人之间、人与群体之间思想与感情的传递和反馈的过程,以求思想达成一致和感情的通畅。而良好的沟通离不开心理学,掌握人际沟通中的心理学,对于提升我们的沟通能力尤为重要。

本书从心理学的角度,全面系统地揭示了心理学在人际沟通中的运用,在本书中,你将会学到实用高效的沟通技能,提高你在与人交往方面的语言能力,进而帮你掌握最能赢得人心的沟通诀窍,成就自己的精彩人生。

图书在版编目（CIP）数据

心理学与人际沟通 / 彩沄心理编著.--北京：中国纺织出版社，2017.12（2023.7 重印）
ISBN 978-7-5180-4481-8

Ⅰ.①心… Ⅱ.①彩… Ⅲ.①心理交往—通俗读物
Ⅳ.①C912.11-49

中国版本图书馆CIP数据核字（2017）第313680号

责任编辑：闫 星　　特约编辑：李 杨　　责任印制：储志伟

中国纺织出版社出版发行

地址：北京市朝阳区百子湾东里A407号楼　邮政编码：100124

销售电话：010—67004422　传真：010—87155801

http://www.c-textilep.com

E-mail：faxing@c-textilep.com

中国纺织出版社天猫旗舰店

官方微博http://weibo.com/2119887771

大厂回族自治县益利印刷有限公司印刷

2017年12月第1版　　2023年7月第4次印刷

开本：710×1000　1/16　印张：13

字数：212千字　定价：39.80元

前言

　　生活中的人们，在你生活和工作的周围，不知道你有没有遇到这样的人，他看起来能力并不突出，外貌也不出众，但在他所在的圈子里，他就是如鱼得水，就是"混"得好，仿佛无论他到哪里都受到欢迎，他总是能受到上司的器重、客户的关照，所以，他比别人更容易成功。

　　其实，他并不是有什么通天的本事，而是因为他掌握了说话和与人沟通的技巧。他说出的每句话，都能让别人感到愉快，而且，他似乎总是能语言引导别人，仿佛他天生就能做到"呼风唤雨"。也许你敬佩甚至是不服气他的成功，并在心中疑问，他到底是怎样做到的呢？

　　其实，你完全可以做到这一点。不过，要想让你说话的产生积极的效用，就要从心出发，攻心为上。因为真正的沟通能力不仅是拥有滔滔不绝的说话能力，更重要的是我们要有见机说话的技巧，善于说话的人不一定说得很多，但是，他每说过的一句话都能够恰到好处。而之所以那些善说者能将话说到点子上，还在于他能够通过语言来影响他人的心理，说出对方想听的，了解对方所担心的、顾虑等。由此，我们就找到了与他人进行良好沟通的那把钥匙。

　　可见，良好的沟通离不开心理学。的确，在这个世界上，最难以捉摸的是一个人的心理，为此，一定要"攻心"，以"心"为重。因此，我们在训练自己沟通能力的同时，还要掌握一定的心理学知识，学会察言观色，了解对方的心理，以此来决定什么时机该说什么话，什么时机不该说什么话，或是该说多少话。

　　《心理学与人际沟通》这本书能帮你做到这一点。本书从心理学的角度出发，并引用了丰富多彩的案例，这些案例能够打开你的思维，帮助你学会更高效有用的心理沟通技能。当然，要提高你的沟通能力，并不是一朝一夕就能做到的，这需要你进行长时间的认真练习，按照本书中提供的方法进行训练，相信日后你定会成为一个对语言沟通驾轻就熟的人。

编著者

2018年1月

目录

第 01 章

心理"破冰"，三言两语间迅速消除心理障碍

我们和素不相识的人进行聊天的时候，往往会因为生疏而产生一些心理屏障，不知道从何谈起。心理学告诉我们，可以从正确的称呼、亲切的微笑、适度的寒暄、优雅的谈吐等方面去进行，以此来拉近彼此的心理距离，获得他人的好感，确保沟通的顺利进行。

打开心灵沟通之门从正确的称呼开始

现代心理学认为，称呼是人与人沟通的开始，它既是见面礼，也是打开交流之门的钥匙。生活中，称呼选择对了，对方就愿意与你进行沟通交流；反之，他们就会对你产生排斥心理，拒绝和你进行合作。

称呼绝不是简简单单的一个名词，它体现了一个人的自身修养和对别人的尊敬程度，同时，也表现了交谈双方的关系。因此，每一个人都应该对此引起足够的重视，决不能乱用错用。

现代心理学认为，称呼的基本规范就是要表现出对对方的尊敬、恰当地说明两者之间的关系，让双方的沟通变得更加顺畅，使彼此的距离有效地缩短。这就要求人们在交谈中注意一下应有的分寸，使用正确的称呼。

1.西方人的习惯称呼

（1）重要人物的称呼。对于一些有着社会地位的重要人物，要加上其头衔，如博士、教授、大使、校长等。为了表示进一步的尊重，还应该在这些头衔之前加上对方的全名或者是姓氏。

在和重要人物交谈的时候，一定要加上头衔，否则，就可能引起对方的不快，也会给你带来一些不必要的麻烦。

（2）和自己认识的人的称呼。一般情况下，可以用先生、女士来称呼对方。

（3）陌生人的称呼。也可以用先生和女士称呼之。不过前提条件是对方看起来是一个长者或者是虽不知对方的名字却知道对方的地位很尊贵。另外，对于正在执行任务的男性官员和警员，人们可以直接以先生来称呼之。而对于女士则一律以女士来称呼，不论她是否已婚。

2.中国人的习惯称呼

（1）称呼姓名。如果对方是自己的同事、同学或朋友，彼此之间都非常熟悉，就不妨直呼其名，如"王浩""张宁"等。如果对方比自己年龄小，也可以呼其名，这样显得比较亲切。若对方比自己年长，就不能如此称呼了，一般可称其为"老张""大周"。对待那些和自己关系很好的人，称呼他们的时候，最好不要带姓，叫名字就可以了。

（2）职务性称呼。在交往对象之中，有不少人具有高级或者中级职称，这是他们取得一定成就的具体标志，所以在称呼他们的时候要直接以职务相称。这种职务性的称呼可以分为三种：直接称呼，如"教授""博士""工程师"等；在姓氏后面加上职位，如"王教授""张工程师""赵校长"等；在姓名之后加职称，这种称呼一般用于正式场合，如"杜福瑞教授""刘鸿翔社长"等。

（3）职业性称呼。在交际生活中，有时候可以根据对方的职业进行称呼。用对方当前从事的职业进行称呼可以表现出你对他的了解和兴趣，如直接称呼对方为"老师""医生""律师"等。在职业之前，通常是要加上姓氏或者姓名的。

（4）性别、年龄称呼。在交际场合中，如果不清楚对方所从事的职业，不妨按照约定俗成的称呼来称呼对方。在称呼别人的时候，既要注意性别的差异，又要注意年龄段的不同。在以前，常称呼未婚女性为"小姐"、已婚女性为"女士"，现在已经没有了这种严格的界限，在非正式的场合下，都可以用"美女"来称呼对方。至于男性，最好还是称呼"先生"为佳，那些"哥们儿""兄弟"的称呼，最好不用。

见面第一句话如何说

几乎每个深谙心理学的人都是交际高手。他们在和别人交谈的时候，能够一句话就抓住对方的心，深深地吸引对方。那些和他们交谈的人，不但愿意倾听他们的讲话，还愿意主动配合，向其提供必要的信息。

究竟他们有什么本领深深地吸引这么多人呢？是天生的吗？绝对不是。现代心理学告诉我们，要想让别人和自己进行有效的交谈，形成有益的互动，就要在见面的第一句话上下一番功夫。只要第一句话说好了，就能让对方消除心理屏障，在最短的时间之内与我们形成心理上的共鸣。

现代心理学认为，无论交谈对象是谁，第一句话应该传递出亲热、友善、贴心的信息。唯有如此，才能消除彼此的陌生感，让双方的交谈顺利地进行下去。

现代心理学提供了以下三种方式，我们不妨来学习一下。

1.问候式谈话

问候式谈话能够给人带来亲切感。现代心理学认为，简短的一句问候可以传递出三方面的重要信息：我把尊重送给你、我把亲切感送给你、我十分愿意和你成为朋友。当你将一句问候传递给对方的时候，就能够让对方了解到你的热情、风度以及涵养。

联邦探员詹姆斯常常坐火车去异地城市办案。在火车上，他会主动和其他旅客打招呼，"您好，您是去老家探亲的吧。"或者说："您好，能不能把您的报纸借我看一下。"之后，他就和那些乘客们天南海北地聊了起来。在聊天的过程当中，詹姆斯了解了一些目标城市的情况，也收获了很多重要的线索，为最终的破案提供了很大的帮助。

在现实生活中，我们在说第一句话的时候不妨多说一些问候式的话语。多将"您好"作为问候致意的常用语。若能因对象、时间、场合的不同而使用不同的问候语，则效果更好。对德高望重的长者，应说"您老人家好"，以示敬意；对年龄跟自己相仿者，称"老×（姓），您好"，显得亲切。

2.敬慕式的谈话

现代心理学认为，敬慕式的话语能给人带来贴心的感觉。不过使用这种谈话方式的时候要掌握一定的分寸，尽量做到恰到好处，不能肉麻地吹捧，在内容上也应该因时因地而异。比如，"您的急公好义在这个城市里是出了名的"，"早就听说过您是一位著名的画家，没想到今天竟然能在这里一睹您的风采"，决不能用那些"久仰大名""百闻不如一见"之类的陈词滥调。

现代心理学认为，谁都希望别人关心自己、重视自己，如果你能够找准谈话话题，对方就会对你产生好感，也就愿意和你交谈下去，提供你想要的信息。

有一次，探员吉姆想从一个作家那里了解一些线索。他见到这位作家时，并没有提和案子有关的话题，而是对他说："你写的文章棒极了，我经常看你写的文章，有时候还会模仿你的写作手法写一些东西……"那位作家听后，非常感动，没等吉姆说，就将自己了解的情况全部告诉了他。

在生活中，我们和别人交谈时，不要过多地以自我为中心，而是要在言谈之中多说一些仰慕甚至是恭维对方的话。这样的谈话能够消除对方的敌视心理，拉近彼此间的关系。

3.以攀认式拉近彼此的距离

现代心理学认为，面对任何一个素不相识者，只要你愿意作一番认真的调查研究，都能够找到一些或明或暗、或远或近的亲友关系。找到这种关系之后，就要有效地加以利用，及时地和对方拉关系、套近乎，如此一来，便能迅速地缩短彼此间的心理距离，让对方产生亲切感。

那些深谙心理技巧的人在和一些陌生人交往的时候，都会尽力地和对方

"套近乎"。比如："你家是加州的，我的童年就是在那里度过的，说不定咱们小时候还是伙伴呢！""你是华盛顿州立大学的硕士，我也是那里毕业的。今天遇到了校友，真让人感到兴奋啊。"这种初次见面就互相攀关系的谈话方式，能够让对方对你产生亲切感，减少拘束感，也能让其愿意主动和你交谈。

实际上，和陌生人打交道并没有那么可怕，如果你选择躲避，将会一事无成。只要你能够采取主动的态度，热情地说好第一句话，亲切自然地和他们聊天，就能够赢得对方的好感，拉近彼此的距离。在生活中，我们应该向那些交际达人学习，和陌生人交谈的时候，说好第一句话，抓住对方的心。

亲切微笑，让对方乐于接近你

生活中，那些人际关系好、沟通能力强的人在与人沟通时，脸上总能带着亲切随和的微笑。因为他们知道，微笑是一种亲切的表情，能够感染别人的心情，让人们感受到一种轻松的氛围，也能构建一种舒适融洽的氛围，让对方乐意倾听他们说话，以愉悦的心情和他们说话。

在现实生活中，我们都希望自己拥有"亲和力"，渴望别人与自己亲近并和谐相处。要想实现这一愿望，我们就应该向他们学习，用亲切的笑容来打动别人。

有一位每天陷于无边枯燥生活里的小职员，曾这样说：

"我已经结婚十年了，"他说："在这十年当中，从我起床开始，到离开家门之前，很少对我的太太微笑。如果需要她帮助拿一些东西，口气通常都是硬邦邦的，太太对我很不满意，对我说的每一句话都很厌烦。在公司里也是如此，和同事交流，我通常都是一副公事公办的口气，因此，同事们也都很不情愿和我交谈。

缺少理解，缺乏沟通，我的生活陷入了无尽的烦恼之中。后来，一名心理医生得知之后告诉我，要想让太太和同事们乐意倾听自己的谈话，首先就应该让自己有一个亲切的微笑。我采纳了心理医生的建议，决定先试一个月看看。

第二天吃早餐的时候，我主动和太太打招呼，微笑着说'早安，亲爱的。'我的笑容虽然有些不自然，但是太太看出了其中的善意，因此她非常感动，不但没有了不耐烦，还主动和我讨论起了装修房子的事。这在以前都是没有过的。

在上班的时候，见到电梯管理员、小区警卫，我不再绷紧面孔，而是主动地去和他们打招呼，微笑着对他们说一声'早安'；走到地铁站的售票窗口，我会微笑着和卖票小姐换零钱；来到公司楼下，我也会对那些一起来上班的同事们报以亲切的微笑。

"我发现，每一个人对我都不再是冷冰冰的，都对我报以微笑。尤其是在和客户打交道的时候，我一面耐心地听着他们的抱怨，一面微笑着作出解释。结果这些顾客的怒气很快就消失了，他们以一种愉快的心情和我讨论问题的解决方案。一个月下来，客户对我的投诉率明显下降，我工资卡上的金额也比以前多出了很多。"

微笑是一个非常神奇的东西。有了微笑，就有了好的心态，有了好的情绪。更重要的是，一个亲切的微笑，能够传递出善意，可以让对方感觉到你的真诚与热情。如此一来，无论他对你有多大的防备心，最终都会被这个亲切的微笑所化解。在你的笑容面前，他也不好意思再板起面孔、对你爱搭不理了。

微笑不仅是一个表情，而且是一种和善的态度，美丽的笑容是一个人内心世界的"显示器"，其表达出的亲和力能够感染别人、征服别人。一个经常面带微笑的人，一定是一个备受他人欢迎的人。他那淡淡的笑容背后，散发着迷人的魅力，吸引着别人向他靠近。

"真诚的微笑，其效用如同神奇的按钮，能立即接通他人友善的感情。因为它在告诉对方：'我喜欢你，我愿意做你的朋友。'同时也在说：'我认为你也会喜欢我的。'"这是拿破仑·希尔的经验总结。

有一心理学专业人士曾经说过："微笑是上帝赋予人类的特权。丧失了什么也不要丧失笑容，那是对自己、他人和这世界的最美丽的祝福。"因此，在和别人的交往之中，我们没有必要不苟言笑、表情严肃，也没有必要抱怨别人的冷漠，而应从自身做起，学会微笑，以微笑做敲门砖，来消融他人的敌视疏远心理，打造一个良好的交谈环境，开启顺畅的沟通渠道。

巧妙寒暄，拉近距离

我们都知道，在案件侦破过程中，作为警务人员，他们身负保卫国家安全、维护社会稳定的重任，特殊的身份给予他们非常大的权力。尤其是在调查案子线索、搜集信息的时候，每一个公民都必须配合他们。按说，他们想要对某个人进行询问和调查，只须单刀直入提出要求即可，如果对方拒绝配合，他们完可以以干扰公务的理由去起诉他。但是，他们很少不采取直截了当的方式和对方进行交谈，通常都是先寒暄几句，然后再自然地向中心话题过渡。

他们认为，向知情人调查线索不能表现得太着急，因为那样会给对方造成拘束感。即便他愿意配合你的工作，也可能会因为精神高度紧张而忘掉一些东西，而这些忘掉的东西，很可能就是最重要的线索。为了防止出现这一现象，他们通常都会以一些寒暄语做开头，如"今天的天气似乎热了点"或者是"平常上班挺忙的吧"等。这些话虽然无关大局，却能够起到一个很好的铺垫作用，它们能够在最短的时间内消除对方紧张的心情和敌对的情绪。

寒暄是冲破心理戒备障碍的有效方法。通常情况下，用轻松柔和的语气、缓和的语调讲出短短一句充满感情的寒暄语，能够让对方的心情彻底放松。如此一来，就建立了一个良好的交谈氛围，对方也会知无不言、言无不尽，最后就会取得皆大欢喜的结果。

当然，寒暄并不是谈话的主题，只是进入正题的铺路石。要想让寒暄正确地发挥作用，不变成废话，我们就应该掌握必要的分寸，既不能没完没了地嘘寒问暖，也不能虚情假意地说几句简单的客套话。过度的寒暄，会让人在不知所云之际再度产生防范之心；简短的寒暄则和没说一样，不能起到应有的作用，对过渡到谈话正题难以产生促进作用。

现代心理学告诉我们，寒暄并没有固定的模式，一般情况下只须注意以下几点即可。

1. 要保持愉快的心情

实际上，那些深谙交际心理的人，他们无论内心出现多么大的波动，都很少会在脸上表现出来。他们不愿意让自己的心情感染到别人。因此，在与人谈话的时候，他们都能让自己保持一份愉快的心情。因为他们知道，只有表现出愉快的心情，才能让自己在谈话中占据主动地位，让对方了解自己的真诚。

他们还认为，保持愉快的心情是尊重别人的一种表现形式，它可以让对方感受到你对他的尊重。另外，愉快的心情还能表现出一个人的自信与从容，能够形成强大的吸引力，且能够建立起融洽的人际关系，使彼此都不再紧张。

愉快心情下的寒暄可以表现最大的善意。比如，满脸微笑地说一句"您好，感谢您在百忙之中为我们提供帮助"，这样寒暄方式会让对方感到热情、亲切、温暖，他自然也就愿意为你提供有效的信息。与之相反，冷若冰霜地说一句"来了，坐吧"，就会让对方徒增厌恶，不愿意再和你交谈下去，更遑论配合工作了。

2.要选择一个恰当的时机

现代心理学告诉我们，寒暄时要选择一个恰当的时机。在打招呼之前，首先要分析一下对方当时的心情，然后再决定说寒暄语的方式与心情。比如，对方的心里有些不痛快，你从其面部表情上就可以判断出来，此种情况下打招呼声音不要太大，语言也不要太热情，要低度；或用询问式的语言，同时用安慰的语气来和他寒暄。

如果对方脸上喜气洋洋，你便可热情地打招呼，使对方感觉到温暖，进而展开话题。

如果面对的是女士，语言可以热情一些，但不能太过分，也不能开一些出格的玩笑，否则对方就会觉得你太轻薄。

3.要注意内容的恰当

生活中，我们常要和陌生人打交道。人们在和陌生人见面的前几分钟之内，一般情况下并没有太多的话题可聊，所问的问题几句话就能讲清楚。因此，在这个时候，那些深谙沟通心理学的人通常都会作一般性的寒暄，如问候、互通姓名、谈论一些无关紧要的话题等，很少会扯一些漫无边际的话题，也不会让寒暄耗费太多的时间。

当然，寒暄是为了突出自己的真诚，此时可以谈一些触景生情的话。毕竟，如果没完没了地问一些籍贯、住址、身世等话题，容易造成一种审讯式的压迫感，极可能引起对方的反感。因此，我们要善于睹物生情，看到什么谈什么，这样既显灵活又可增进彼此间的关系。

另外，现代心理学还告诉我们，寒暄言语的长短、内容的繁简、往复的次数多少要与交谈双方关系的亲密程度成正比。如果我们面对的是一个熟悉的人，寒暄的话不妨多说一些，因为那样更能显示出彼此之间的关系，建立起更和谐的交谈氛围。

谈吐优雅，让对方折服

我们都知道，深谙沟通心理的人，在和人沟通交流的时候，他们总能够以大方的举止和优雅的谈吐来征服别人。的确，在和人沟通交流的时候，能否让沟通畅通无阻，关键取决于一个人的谈吐，即取决于他以一个什么样的语言方式来和别人进行交流。

胡佛曾经说过："在FBI成员的训练之中，有一种训练必不可少，那就是优美、高雅的谈吐。"高雅的谈吐是一种文明的表现。谈吐高雅不仅表现了一个人良好的教养，还在一定程度上代表着一个人的文化修养和处事智慧。

事实上，任何一个善于沟通的人都非常注意自己的谈吐。因为他们不想给人留下不文明、没修养的感觉，更不想因为语言上的不雅而给自己的工作带来不利的影响。他们知道，一个人的语言是否文明、谈吐是否优雅，完全可以决定他在交际场合的受欢迎程度。

怎样做才能成为一个谈吐高雅的人呢？现代心理学告诉我们，在说话的时候要注意以下几点：

1.敬语

现代心理学认为，说话时使用敬语是最基本的礼貌，"请""谢谢""您好"等总是能够给人留下一个好印象。在谈话过程中，适当使用敬语，可以表示对他的人尊重；同时，使用敬语与对方交谈，也体现着谈话者自身的文明程度和个人修养，是谈话者自身能否赢得对方尊重的前提条件。

2.文雅的词语

现代心理学告诉我们，在言谈中经常使用一些较为文雅的词语，往往能显示出一个人的文化修养，也可以让对方感受到你良好的教养和学识，令他一方面对你更加尊重，另一方面也对你更加重视和关注。如此一来，他自然会给予你极大的热情。

现代心理学指出，文雅的词语不一定是书面语言，更不是故意说些"专业术语"，而是一种寓文雅于随意中的具有大家风范的语言。如果是单纯地卖弄华丽的辞藻，只会显示出你的浅薄；过度地咬文嚼字，则会让人觉得酸味十足。

3.语气委婉含蓄

优雅的谈吐还表现在与人交流的过程中，讲话不要太尖酸刻薄，而要注意委婉含蓄。无论处于什么情况下，我们都要能控住自己的情绪，讲话的时候把语气放平缓，口气尽量委婉和含蓄。

语气的委婉含蓄也是卓越的口才的魅力所在。交际达人在人与交谈的过程中，遇到比较棘手的问题时，并不从正面直指矛盾或问题的焦点，也不会去触碰对方话题中最敏感最尖锐的地方，而是从侧面切入，暗中点明自己要说的话的主要含义，以此来避免出现不愉快。

一般情况下，那些交际高手在与人交谈时，多用肯定和积极的口气回应对方。因为他们知道，肯定的语气和积极的语态代表一个人的自信、开朗、豁达和宽容。因此，他们会在别人发表意见后立刻给对方一个肯定的回应，以表达对对方的尊重。即便对方的观点自己并不赞同或者自己有必要提出一些不同的意见，他们也会用委婉谦和的态度提出，不会给人难堪。

4.语言要有品

生活中，那些交际高手在与人交谈的时候，常常能够接二连三地说出闪烁着智慧火花的精彩的名言佳句，让人羡慕不已。他们之所以能够说出如此有品位的话，并不是因为先天就具有这种本事，而是因为在平常的生活中能够通过各种方式加强自己的修养，提升自己的内涵，从而提高自己语言的品位。

这些沟通高手优雅谈吐习惯的养成绝不是一日之功，而是一种长期沉浸在艺术氛围中的情操和品位，是一种积存于灵魂深处的修养和品性。我们只有长时间地徜徉于文化和艺术的氛围中，持续不间断地吸收其中的精华与灵气，让文化与艺术的气息把自己浸透，语言、谈吐以及行为举止才会变得优雅起来。一旦这些变得优雅之后，我们就会得到越来越多人的欢迎和认可；在和人交流的时候，也就能够给他们留下一个良好的印象。

谈谈自己的糗事，增添你的亲和力

生活中，我们大部分人对心理学都充满了好奇心，觉得每一个心理学专家都是精明干练、十全十美、高高在上而又喜怒不形于色的人。其实，真正接触过他们的人并不这样认为，他们不是超人，也不是生活在神话里的人，而是一个个活生生的、有血有肉的人。也正是因为如此，他们才得到了大多数人的信赖与支持。

在和别人接触交谈的时候，他们能够把真实的自己呈现给对方，很少把自己打扮成一个十全十美的人。在必要的时候，他们还会谈一些自己的"糗事"来博得对方的好感。因为他们知道，把自己打扮得太过完美，就会拉开和别人之间的距离，很难取得他人的信任。

有一次，记者采访一名刚刚破解了一个大案的警官："在和犯罪分子交手的时候，你感到害怕吗？"许多人都认为这名警官一定会回答说"没有"，没想到他却说："害怕过。就拿这次来说，有机会的话，我就逃跑了。但当时的条件不允许，我不得不拼了性命和他们打斗。要不是想着赶紧离开现场的话，或许我就被他们打死了……"记者们听到他的回答，都轻松地笑了起来，同时，也都觉得这位警官非常可爱，是一个可信任的人。

很多人都会有这样的担心：自我暴露出缺点、弱点，向他人展现自己的隐私，讲出自己的"糗事"，很可能会让对方看不起自己、疏远自己。其实，这种担心是多余的，从这名警官的故事中我们不难看出，说出自己的"糗事"非但没有任何的负面作用，反而还会让人感觉到你是一个诚实的人，同时，也会让人更加喜欢你和信任你。

在社会交往中，适当地透露一下自己的"糗事"，是一种拉近彼此关系、获得他人信任的处世技巧。乐意让别人分享自己的不足，就等于是乐于与别人推心置腹地交谈，因此，也就能够很好地吸引别人，获得别人的好感。

人之相识，贵在相知；人之相知，贵在知心。一个从不透露个人信息、情感和想法的人，会给人一种不真实的印象，也会让人心生隔阂，产生戒备。很多人都会有这样的感受：自己推心置腹地和别人讲述个人真情实感的时候，对方却顾左右而言他，打"太极拳"，不和你交心。这对于陈述者来说，会感到非常不舒服，对那个闪烁其词的人也就难以产生亲切感和依赖感。反之，当一个人向你详细地陈述内心的真实感受，毫不忌讳地说出自己的"糗事"时，你就会觉得这个人对你非常信任，并在感动之余对他充满好感。

有一个心理学家曾经说过："要想换取别人的信任，首先应该让他人了解到真实的自我，这样的人在心理上才是健康的。"因此，在和同事相处的时候，你不妨向对方袒露一点自己的隐私，讲一些无关紧要却诱惑力十足的"糗事",这样更易赢得别人的心,换取他人对你的信任。

当然,凡事都应该有个度,在透露个人"糗事"的时候,也应该掌握一定的界限,决不能把自己装扮成他人的笑料;否则,就有自轻自贱之嫌疑,也会让别人看不起你,更会给他人留下一些嘲笑捉弄你的把柄。因此,在向别人透露个人"糗事"的时候,我们应该掌握以下两点原则。

1.透露的信息量要适当

一个从不表露自己内心想法的人,很难和别人建立密切的关系;而一个总是向别人灌输过量信息的人,也不会引起别人的好感。因为,喋喋不休地讲述自己遇到的种种尴尬或者难堪之事,很可能引起他人的审美疲劳,也可能会引起他们对你的轻视之心和侮辱之举。因此,在讲个人隐私、透露"糗事"的时候,要做到恰到好处,既不能没有,也不能太多。

2.提供的信息最好和别人的生活与性格相近

"糗事"虽然是自己的,但在透露隐私的时候最好选择和别人的生活相近的信息,换句话说,就是讲一些别人也曾经有过的类似的"糗事"。这样做有两方面好处:第一,避免了授人以柄,毕竟,这样的事情谁都碰到过,别人不可能因为你的"糗事"而嘲笑你,因为他也有类似的经历,在这些事情上并不存在优越感和批评权;第二,可以迅速拉近双方的距离,让对方将你引为知音。当别人得知你们的"尴尬遭遇"相似时,就会觉得彼此之间在性格上有很多相似的地方,心理上也就自然而然地愿意和你更进一步。如此一来,交谈双方的感情就能迅速升温了。

| 第02章 |

识破伪装，抓住细节让谎言不攻自破

与人沟通，谁都希望得到准确的信息。但是，想要听到真话，决不能把希望寄托在对方的道德修养和综合素质上，更多的则是需要靠自己的努力。而努力也需要有正确的方法，为此，我们需要掌握选对天气、挑对时间、塑造氛围、观察神色、提供错误信息、观察细节、分析说话特点等技巧。

不同的天气也会带来不同的沟通效果

　　心理学家指出：不同的天气也会带来不同的沟通效果。在一个风和日丽、晴空万里的天气里与人交流，对方会因为心情舒畅、思维活跃而告诉给你很多有效的信息。如果选择在一个阴雨连绵、雨雪纷飞、阴风怒号的天气里和人沟通，对方可能会因为心情比较沉闷而选择闭口不言或者是冷言相讥，甚至还有可能会粗暴地下逐客令。为什么会出现这样的现象呢？这是因为不同的天气会给人带来不同的心情，不同的心情则会导致沟通效果出现巨大的反差。

　　有一年，旧金山出现了多起自杀案。这些自杀的人中绝大多数是独居并且性格内向的女性。这引起了警探的注意。为了揭开这个谜团，一名警探准备去和一位自杀未遂的女性进行沟通，想从她那里了解一些必要的线索。

　　这名女子叫玛丽，因自杀时被邻居发现而脱险。当警探和邻居敲开她的房门时，被一阵浓浓的香烟味给呛得咳嗽起来。透过烟雾缭绕的房间，警探看到玛丽木偶一样地坐在电脑前发呆。电脑桌上摆满了一个个放满烟蒂的烟灰缸。警探小心翼翼地向其表明了来意，但是玛丽并不配合，反而厌恶地朝他们挥了挥手，告诉他们赶紧离开，不要再打扰她。警探见状，只好退了出去。

　　警探退而求其次，向玛丽的邻居打听信息。邻居告诉警探，玛丽是一个文静而又内向的女孩，平常很少外出，也不大和别人交往。最近她刚刚失业，索性就把自己关在了家里。这几天一直都是阴雨天气，她的房间里常常会响起摔东西的声音。

邻居的话让警探突然想到了一个问题："碰到这样的天气，谁的心里都会窝着一团火，就连我自己都懒得和人说话，偶尔还会无缘无故地发一通火。她闭门不出、心情抑郁是不是和阴雨天有关系？她的自杀是不是也和这让人讨厌的雨天有着内在的联系？

警探回到局里查了一下相关的资料，最终验证了自己的推论。心理学家在研究中发现，天气对人的影响是非常巨大的。恶劣的天气不仅会影响一个人的心情，还是引起人们抑郁的导火线。在恶劣的天气里，人们比较容易做出过激的事情，甚至还有可能会犯罪。

这个故事告诉我们：选择什么样的天气将会直接影响谈话的质量。选择令对方心情愉快的晴天可以得到事半功倍的效果，哪怕是一个非常困难的问题，相信对方也能给出一个令人满意的答复。

当然，影响人们心情的天气因素并不仅仅是阴天与晴天这两项。心理学告诉我们，从很大程度上来说，不同的季节和是否有风同样影响沟通的质量。因为从很大程度上来说，这两项也是天气的重要组成部分。接下来是几点建议：

1.当心刮风天

有心理学家做过这样的试验：把不同程度的风吹到实验者的身上，以此来观察他们的心理变化。最后结果表明，吹轻风时实验者的心情比较愉悦，谈话时也表现得比较轻松；吹强风时实验者的情绪就会变得非常差，说起话来也会显得比较急躁和不耐烦。如果向他询问一些问题，他就会不由自主地产生抵触心理，不肯与问话者合作。

2.春秋时节最容易沟通

春天和秋天的气温不是太高，风和日丽的天气比较多，人们情绪都比较稳定，心情也比较愉悦，在这种情况下，他们比较愿意和人沟通，也会在不经意间袒露一些自己的真情实感。因此，春秋季节是最容易与人沟通的季节。

3.夏冬时节要相机而动

酷热的夏天会让人的心情焦躁，寒冷的冬天则会给人带来悲伤的情绪，在这两个季节里，人们的心门会在不知不觉之中关闭，变得少言寡语、郁郁寡欢。在这两个季节里，最好不要和人作过多地交流。

当然，有些事情是非谈不可的，如果遇到了这种情况，你就应该挑选一个相对合适的天气去和别人进行接触沟通。比如，在夏季你可以选择一个相对凉爽的天气，在冬季你可以选择一个相对暖和的天气。

一天中最佳沟通时间为何时

遇到了问题需要和别人进行沟通的时候，并不一定要马上就去找沟通对象，向其表达自己的意见和看法，而是要选择一个最佳交流时间。现代心理学告诉我们，人在不同时间之内的情绪存在着很大的差异，情绪上的差异也会影响到沟通的效果。

要想从别人那里捕捉到真言，就要选择一天之内最佳的交流时间。那么究竟选择什么时间好呢？是早上、下午还是晚上？是在对方精力充沛的时候还是精疲力竭的时候呢？面对这样的问题，我们不能凭个人感觉妄下结论，而是首先要了解一下不同的时间会给人的情绪带来什么不同的影响。我们应该了解了这些区别之后，再根据交流对象和话题的不同来选择沟通时间。

美国联邦调查局科学实验室的阿德莱德博士曾经专门对人类的记忆力、

理解力和运动力做过实验。实验结果显示：人的理解能力和记忆能力在中午前后处于最好的状态，到了下午之后则会一点点地逐步下降，到了三点左右会有一个小幅度的上升，但仍无法达到中午时的水平。从这项实验结果中我们可以得知，上午更适合思考，而下午则比较适合运动。换一句话说就是，人们在上午的时候想问题办事情理性的成分会大一些，而到了下午之后则会不由自主地转化为感性做事。

因此，心理学上将上午称之为"理性时间"，而把下午看作"感性时间"。心理学家们根据这一结论，针对上午、中午、晚上三个不同时间段中嫌疑犯们的不同的状态制订了不同的审问内容和范围。

上午：嫌疑犯大脑非常活跃，在接受审问的时候警惕性就会非常高，表现也非常机敏，哪怕是一些细节上的东西他们也会很敏锐地感觉到。在这种情况下，想从他们口中套出实话来就显得非常困难。

下午：嫌疑犯经过上午相当长一段时间的防御与抗争之后，无论是在生理上还是在心理上都表现得非常疲惫，反应速度就会放缓。在这种情况下，若能假以正确的方法，捕获实话的可能性就会比较大。

晚上：经过一天的"拉锯战"，到了晚上嫌疑犯就会身心俱惫，哪怕是抗拒心理再强，也是心有余而力不足，即便是口头上表现得非常强硬，充其量不过是色厉内荏的垂死挣扎。在这个时候，只要警察能够发动猛烈的语言攻击，就能一举将对方拿下，轻松得到真言。

其实，这些案例对于我们平常与人沟通也起着非常重要的指导作用。从他们的分析之中我们了解到，要想和别人谈论工作或者是其他的重大事件，就应该把时间放在上午，因为这个时候彼此双方都处于理性状态，看问题想事情比较全面，可以在保护自己的情况下与人达成协议；若想和一个陌生人或者是有着敌对心理的人进行沟通，从他们的口中得到实话，则最好把沟通的时间选择在下午或者是晚上。

当然，选择最佳交流的时间不仅需要考虑沟通对象的情况，还要注意一下自己的状态。换句话说就是要选择自己精力旺盛、对方精力枯竭的时刻。

在选择最佳交流时间的时候，我们还应该牢牢记住，要尽量避免选择自己状态不佳的时间。因为一旦自己状态不佳，就会给人以可乘之机，以至于到最后非但不能从对方那里套出实话，反而极有可能出卖自己的底线，从而给自己造成一些重大损失。

心理学告诉我们，在选择最佳沟通时间时，我们既要了解对方情绪不佳的时间，也要了解自己状态不佳的时间。这就要求我们不能在身心处于低潮的时候去和别人进行沟通。另外，还要注意一下，自己身体不适的时候或者是连续工作一段时间之后都不要和别人进行关键问题的沟通，而要给自己留出一定的休息时间。当然，如果对方处在极度疲惫的状态下，而你却精力充沛，就应该抓住时机迅速出击，以最有效的形式从对方口中套出真话。

细心留意他人神色，判断语言真伪

现代心理学告诉我们，一个人的神情是其内心世界的显示器。通过观察他的神色，能推断出他是不是在说谎。一个人的内心世界可以用语言来掩饰，但是他不经意间的动作会表达出其真实的想法。

究竟怎样做才能通过观察他人神色来推理出他的话是实话还是谎言的呢？心理学家为我们提供了以下几点方法。

1.观察面部表情变化

现代心理学告诉我们，人在害怕、惊慌、担忧的时候，眉毛会很自然地扬起，上眼皮也会随之抬起并且拉紧；在伤心时嘴角会向下延长，兴奋时嘴角会向上提；感到委屈时嘴巴会微微噘起，惊讶时嘴巴会不自觉地张开。有些时候，没有必要去听他说什么，只须观察一下其面部表情就可得知其真实想法。

2.观察瞳孔变化

现代心理学认为，眼睛是心灵的窗户，瞳孔的变化可以反映出一个人的真实情绪。人在情绪激动时，瞳孔会扩大，这种情形是本能的反应，人的主观意识并不能去改变。

3.观察视线方向

视线的方向也能反映出一个人的内心世界。心理学家经过多年的观察实践得出结论，不同的视线方向传递着不同的信息：

长久地凝视代表着强烈的爱与恨；视线停留在对方的双眼与胸部之间，则表示对对方很有兴趣；回避对方的视线则表明心虚、害臊或者是厌恶；偷偷地瞄，代表着胆怯；视线不集中，左顾右盼则代表有心事；眼睛不停地向下看，则表示心情沮丧或者是很悲伤。

4.观察眨眼频度

心理学家分析说，眨眼是人的本能反应，很难受主观意识所支配。人每分钟眨眼5~8次是很正常的现象，一旦情绪产生波动时，眨眼的频率就会增加。

不同的情绪有着不同的眨眼方式，大致可以归纳为连眨、超眨、挤眼等。连眨是指在单位时间内连续眨眼，所传递的信号是犹豫不决、考虑不成熟，有时候也是竭力抑制激动情绪的表现。超眨则是幅度夸张、速度较慢的眨眼动作，它所传递的信号是故作惊讶，在超眨的背后则是"我不相信我的眼睛，所以大大地眨一下以擦亮它们，来确定一下看到的是不是事实"。

挤眼是眨眼频率的另一种表现形式，它是有默契的两个人之间的特殊信号。所传递的信息是："这是我们两个人的秘密，别人无法得知。"在交际场合，两个朋友间相互挤眼，表示他们对具体的一件事有着共同的感受和看法；若相互眨眼者是陌生人，则带有强烈的挑逗意味。

挤眼的时间保持在1秒钟或1秒钟以上，则传递出厌烦、不感兴趣或藐视、蔑视等信息，反映出一个人自视清高、目中无人的内心世界。拥有这种习惯的人，多是一些性情孤僻而又自高自大之人。

5.看面颊肤色变化

面颊的颜色不是一成不变，往往会随着情绪的变化而产生相应的变化，表现最为明显的是变红和变白。

脸红是害羞、尴尬、羞愧、愤怒的表现。若是由面颊中心向外扩散，表现的是害羞、尴尬与羞愧；若在瞬时间整个面颊全部变红，则表示愤怒。

脸色苍白则是心虚与恐惧的表现。若脸色先变红后变白，则表明对方是在极力抑制自己的怒气和克制进攻的冲动。

6.观察表情时间

专业心理人士提出，具体表情时间的长短也能反映出说谎的痕迹。它主要表现在三个方面：表情的停顿时间、起始时间和消逝时间。

某种表情停顿的时间较长，说明这种表情是虚假的，这种表情之下所说的话也是言不由衷的。无论是高兴还是悲伤、愤怒还是恐惧，这些表情都不可能在脸上停留太多时间，停顿10秒钟或10秒钟以上的时间，甚至停顿5秒钟时间的表情也可能是不真实的。他们认为，人除了那种极其强烈的情绪感受，如兴高采烈、义愤填膺、肝肠寸断等强烈的情绪之外，自然的表情很难超过4~5秒钟；再者，即使是非常激动的情绪，其前后程度也是不同的。

起始时间和消逝时间更为短暂，无论一个人表达什么样的情绪，其表现出来的表情通常不超过一秒钟。若起始时间和消失时间过长，就是在传递虚假的信号。虚假的信号则表现出三种真实的信息：一是故作姿态，即为了迎合别人或者是表达内心想法而在表情上故意夸张；二是嘲笑对方，以具体的表情来表达对对方的不屑；三是象征性表态，意在迎合对方。

营造氛围，让对方道出实情

现代心理学告诉我们，要想让别人能够做到知无不言、言无不尽，除了要掌握一定的技巧之外，还要努力创造出一种让对方说实话的氛围。氛围属于外在环境，但是能够直接影响一个人的情绪和心情。从很大程度上来说，营造一个良好的氛围是让对方说出实话的基础。氛围营造好了，就等于是搭建了一个信任的平台，能够让沟通对象袒露自己的真实想法，告诉你真相。反之，不好的氛围就等于是为沟通的双方建了一道墙，对方会因为有隔阂而疏远你，也就不可能实话实说，向你吐露心中的秘密。

那么，怎样才能营造好良好的谈话氛围，让对方说出实情来呢？心理学家给我们提供了以下几点建议。

1.以闲聊做开场白

细心的你可能会发现，警察在向市民调查取证的时候，通常都会以闲聊的形式做开场白。在他们看来，如果摆出一副公事公办的样子，用不带任何感情色彩的话语来和对方沟通，极易引起他人的反感。一旦别人的心里产生了厌恶情绪，自然就不愿意告诉你实话了。而闲聊的方式则不同，从表面上看，这种方式显得有些浪费时间，但实际上这种浪费是值得的。因为它能够给对方带来轻松愉悦的心情，令其对你产生亲切感和信任感，接下他就会顺理成章地向你敞开心扉了。

2.以平等的方式进行沟通

高明的警察在与人沟通时，很少会端起架子以居高临下的方式来和别人进行交谈。因为他们知道，这种以势压人的方式很容易引起沟通对象的厌恶情绪，更难营造一个良好的沟通氛围，自然也难以让别人说出实话来。

他们在与别人沟通的时候一般都会采取平等的方式。比如，面对一个刚刚下班回家的知情者，他们就会亲切地说一些"今天工作很忙吧，作为上班族我们都很辛苦，不过没办法，谁都要吃饭啊"之类的话。这样就会让对方觉得两者的地位是平等的，都是靠工资糊口的上班族，心里就没有了隔阂，也就愿意主动告诉他们实话了。

心理学家提醒我们，以平等的方式和别人进行沟通的时候，要表现得自然一些，不能显得太虚假，那样的话会让人认为是惺惺作态。同时，也不能扮演一个同情者的角色，以免给对方带来不愉快。

3.选择友善的坐姿

心理学专家认为，熟人之间进行沟通选择什么样的坐姿都无所谓，但是在陌生人面前就不能显得太随意了。毕竟，对方会因为陌生感引起的防卫心理而产生紧张的情绪，这种紧张的情绪不但会让交流的过程变得不流畅，而且是说实话的大敌。因此，选择一个什么样的坐姿至关重要。

的确，在和别人沟通的时候不要交叉双手双脚，那样的话容易给人带来傲慢的印象。正确的坐姿应该是双腿并拢，手心朝上，身体微微前倾，因为这种坐姿是在向对方传递亲切友善的信号。

4.以求教的形式

心理学认为，适当地放下身份，以求教的形式来和别人进行交流，能够满足对方的心理。一旦对方的心理得到满足，下意识里就会对你产生一种感激。感激一旦产生，对方也就会以实话实说的形式来报答你对他的尊重。

在现实生活中，我们也应该多用求教的形式来营造良好的沟通氛围。比如，在与同事进行工作沟通的时候，可以多说一些"你可不可以帮一下忙，看看我的数据和你的是否一样""你现在有时间吗，帮我看一下这个单子是不是出现了一些问题"之类的话。

5.把握谈话的气氛

在很多时候，原本心情愉快的人会在毫无征兆的情况下出现言论过激、情绪不稳的现象。这种现象是良好沟通氛围的大敌，遇到了这种情况之后应该怎样处理呢？心理学家认为，出现这种情况之后首先要稳住自己，不能显得太慌张或者是太愤怒，然后再采用转移话题、中间休息等形式让对方的情绪稳定下来，之后再进行沟通和交流。

故意提供错误信息，让对方自己修正

如果我们想要了解一个人，得知他的真心想法，就需要进行一番问话。但是，对方向你提供的很可能是虚假的信息。如果你相信了其所述的虚假信息，那么难免会受到一些损失。为了避免上当受骗，我们应该用故意提供错误信息的方式来"诱使"对方说出实情。为什么"错误"的信息能够"套出"实情呢？原因很简单："错误"的信息会对事情的本身进行扭曲和夸大，而该信息又和对方的切身利益息息相关。如果他不辩解，就等于是默认，势必会给他带来不利的影响；为了证明自己的清白，他就不得不把实话说出来。

在和犯罪分子的较量之中，警察经常会采用这种方式来"诱使"对方招供。我们来看一个例子：

警察：公司举报，在你管理的账目上丢失了500万。我们怀疑是你做了手脚，你怎么解释？

会计：这是在诬陷，根本不可能。

警察：我们已经对你管理的账户进行了审查，确实发现不见了500万。

会计：天哪……这怎么可能……

警察：账目一直是由你管理的，如果你说不清楚，这500万的损失都会算在你的头上。按照经济法，你会被判至少二十年的有期徒刑。

会计：不可能！你们一定搞错了，账目上不可能会出现这么大的缺口！

警察：怎么不可能？公司已经报案了，现在能证明你清白的人只有你自己。你只要能够把问题交代清楚，和我们进行合作，我们就会给你提供尽可能的帮助。

会计：合作……我不知道怎么合作……

警察：非常简单，你老实交代，究竟从账户上挪走了多少钱？

会计：大概……也就是30多万……

警察：30多万？这么少？你敢确定吗？

会计：我敢确定！你要是不信，我可以把账本交给你，账本还在我的手里呢！我真的没有拿那500万！

警察：好吧，我相信你，因为事实上根本就没有500万的缺口。

在审讯中，警察一直在围绕着一个"虚假的"事实对会计进行心理攻击。会计最初的反应让警察确定了他就是挪用公款的犯罪分子，还明白了其挪用的数目不是太大。接着，警察就咬定500万的财政漏洞不松口，一再强调挪用公款的严重后果。在警察的进攻之下，会计的心理防线严重动摇。警察见状，就适时地向他提供了一个解决问题的方法：只要他坦白交代事实真相，就能够得到宽大处理。此时，已经完全丧失了判断能力的会计为了脱身，不得不主动交代了自己所挪用的金额。如果没有亏空500万的虚假信息作引导，想让这位会计主动承认自己挪用公款的行为，恐怕就要大费一番周折了。

在工作和生活中，当我们和别人谈话的时候，如果意识到对方隐瞒了一些情况，但在短时间内又不能完全掌握证据这种情况下，我们可以采用"虚假信息"的方式来探明真相。

职场中，一些公司在招聘员工的时候，为了了解应聘者的真实情况，常常会虚拟一些问题，或者是向其提供一些假象，然后细心观察对方的反应，从而作出对其思维能力和道德水平的判断。这种方法抓住了人的本性，因而实行起来比较有效。

我们来看一个招聘情景：

面试官：公司规定不允许收取客户价值500元以上的礼品。有一次，你和上司去拜访一名客户，会谈结束后，对方送给你们两张价值为600元的音乐会门票。你的上司对这个音乐会非常感兴趣，遇到了这种情况，你会怎么办？

应聘者：我会选择收下。如果不收的话，就会让客户寒心，也可能会让上司失望。再说，超出了100块钱，金额也不是太大，想必也不会对公司带来什么损失。因此，我不但会收下，还会和上司一块儿去看音乐会。

面试官：假如把那两张门票换成几千块钱现金呢？你该怎么办？上司也喜欢钱，你不会让他不高兴吧？

应聘者：那我绝对不会收，收现金是违法的，也会给公司带来很大损失，我绝对不会做背叛公司的事。

面试官：如果你的上司强迫你收下，你做不做？

应聘者：这个……我……我只能视具体情况再作应对了……

面试官：对不起，你现在可以走了。

在这轮谈话中，面试官通过一个假定的事实，对应聘者的职业道德作出了考验，真正了解了这名应聘者内心的想法。很明显，面试官不希望应聘者选择任何一个答案，因为公司规定不允许员工接受客户500元以上的礼物。而应聘者没有搞清这一点，误认为这是对他应变能力的考验，因此，被淘汰也就在情理之中了。

面对一个说谎者或者是一个不熟悉的人，如果想要在最短的时间之内得知他内心的真实想法，我们完全可以以"虚假信息"为手段，通过人为编造的"假象"来试探他。因为，在"假象"面前，一个人的真实性格很容易暴露无遗。

抓住细节，让对方不知不觉中暴露

警察在处理案件的时候，如果察觉到对方说谎，通常都会从细节入手，步步为营，抽丝剥茧，让其主动露出破绽。这是因为，谎言属于凭空捏造的东西，在细节上是经不住推敲的。无论说谎者多么聪明，都无法将细节编造得尽善尽美。只要你抓住细节不放，一步一步地去追问，对方很容易露出破绽。

一名女士向警察哭诉被抢劫的情况："劫匪用毛巾堵住了我的嘴，把我绑在椅子上，用枪指着我，威胁说，如果我敢报警，他就杀了我。我没敢喊叫，就眼睁睁地看着他把我们家所有值钱的东西都拿走了。"

女士边哭边说，表情非常逼真。但是，警察的直觉是她在说谎。为了得知真相，他进行了询问。

"您没有看清他的样子是吗？"

"他当时蒙着脸，我没有看清楚。"

"他的身高是多少？"

"我没细看，好像很矮吧……"

"当时您没有把劫匪的蒙脸布给扯下来吗？"

"他头上套着黑色丝袜，我根本就扯不下来。"

"您刚才不是说他戴着帽子吗？现在怎么又说是丝袜了？"

"啊……可能是我记错了，他没有戴帽子。"

"抢劫过程一共进行了多长时间？"

"十几分钟吧……天哪，我感觉像是过了整整一个世纪。"女人掩面大哭。

"我很替您感到难过。不过，您能告诉我，劫匪用哪只手拿的枪吗？"

"应该是右手吧，对不起，劫匪长得太高了，我根本就没敢向上瞅他。"

警察长舒一口气，笑着对这位女士说："对不起女士，刚才您说劫匪很矮，现在又说他长得很高。事实证明，您在撒谎。"

后来，警察得知，这是一起骗保事件。这位女士家里非常穷，为了"致富"，她就向朋友们借款，在三个保险公司买了巨额保险，希望通过伪造一起抢劫案来骗取巨额的保险金。不承想，如意算盘落空，她的伪装被警察从细节上识破了。经过警察反复的提问，她最终露出了破绽。

谎言编得再好，也不可能十全十美。当一个故事并不存在的时候，细节上必定会有很多漏洞。无论说谎者考虑得多么详细，都难免会有一些疏忽的地方。因此，要想破解一个人的谎言，就应该耐下心来，在探究事情的真相时，紧紧抓住某一个细节穷追不舍，过不了多长时间，对方的马脚就会自动地露出来。

在生活中，我们要和形形色色的人打交道。有时候，别人可能会编造一些谎言，向你传递一些错误的信息。遇到这些情况之后，你完全可以和办案的警察一样，从细节入手，迫使说谎者露出破绽来。

刘先生是一家公司的人事部经理。这天，他正在面试一个应聘者。他对这名应聘者的总体表现表示认可，但是又觉得这个应聘者在刻意地隐瞒一些信息。为了弄明真相，刘先生就继续和这位应聘者交谈。

刘先生很自然地问道："你能告诉我，在你的经历当中，最自豪的一件事是什么吗？"

"最让我感到自豪的事情？应该是高考前几个星期，我的右手骨折了。不过，我却依然坚持学习，最后考上了名牌大学。"应聘者回答说。

"你应该是左手骨折了吧？右手骨折了还能写字吗？"

"是右手，不过我恢复得比较好。"

"既然是这样的话，那你应该不是全部骨折，而是某个手指。你能告诉我是哪个手指吗？""您说得对，是某个手指。具体是哪一个我已经忘记了。好像是小拇指。"

刘先生心里已经有了初步的判断。他没再深究，而是把话题转移到了其他的事情上。他漫不经心地翻着简历，问道："你大学学的是经贸专业是吧？"

"是的。"

"你能告诉我当时都学了哪些课程吗？"

"对不起，我刚才可能是没有说清楚。其实经贸专业不是主专业，而是辅修的。"

"哦，那你能告诉我一下主专业都有哪些课程吗？根据我的判断，你的学历也有问题对吧？"

那位应聘者变得紧张起来，结结巴巴地说："对不起……我……我欺骗了您。不过，我真想得到这份工作……您……您能给我一次机会吗？"

在这个故事中，当那位求职者的破绽被刘先生给点出来的时候，他的心理状就彻底发生了改变，在确凿的事实和强大的压力面前，他不得不承认自己是在说谎。

当你抓住细节不放的时候，会在无形之中给说谎者施加很大的心理压力。由于他们在这方面没有充足的准备，因此，回答问题时就会漏洞百出，前言不搭后语。所以，当你想去判断一个人是否在说谎的时候，完全可以从细节入手，不停地去追问。过不了多长时间，对方的语言中就会露出破绽，到了那个时候，就会真相大白了。

第03章

提问有方，在一问一答中巧妙套话

沟通的过程是一个有问有答的过程。沟通对象可能会因为有抵触心理而不肯与你配合，不愿意告诉你实情。在这个时候，就需要通过一些方法和手段巧妙地从对方的口中"套出"你想要知道的信息。

放缓语速，逐步引导套出对方实话

平日里喜欢看政治新闻的人能够发现一个现象，那就是叱咤政坛的风云人物在发表电视讲话的时候大都语速缓慢，语调沉稳，慢条斯理。其实这样讲话并不是因为他们本身语速慢，而是因为放慢语速能够有助于理清思路，且会让他们显得更有气势，更为威严，掷地有声。因此，我们平时与人交谈的时候，说话不要过于急躁，而应当放慢语速，这不仅是礼貌的表现，同时也体现出了你沉稳而有把握的心态。

在平时的生活中我们也会遇到这种人，尤其是在商务谈判或者是与领导交谈的时候，对方总是异常沉稳，不急不躁，说话有条不紊，有种不容侵犯的感觉，而且较容易牵着你的思路走，这就是放缓语速的效果。警察在审判犯人的时候也是这样，在审判犯人的时候，警察一般不会先说，也不会多说，而是让犯人多说，这样就能够将犯罪嫌疑人的心理防线一点点击溃。俗话说，言多必失，如果你总是滔滔不绝地表达自己的观点，那么别人很快就能够洞察到你的心理活动，从而牵引着你向前走。

美国联邦调查局的资深心理专家布多克说："那些讲话不快的人，他们都有着一双睿智的眼睛，能够在别人说话的间隙中读懂别人的思维，并搞清楚自己接下来怎么说话更为妥帖。"他说的话的确不无道理，因为说话慢除了能够令思路更为明晰之外，还能够减少自己犯错的机会，能够有时间更多地去思考。著名的主持人王刚，在跟人交谈的时候语速往往比较慢，实际上在这个过程中他把要说的话全都在脑子里想清楚了，这样就能够做到万无一失，就能够掌控话语权，让自己处于有利的地位。因此，我们在跟人交谈——尤其是谈判的时候——一定要放慢自己的语速，加重语调，尽量让别人感受到你语言的力量，这样就能够洞察到别人话中的漏洞，从而了解到别人的内在心理活动，作出对自己最为有利的判断，发起致命一击，达到自己想要得到的结果。那么，我们怎样才能在慢条斯理的说话过程中洞察对方的心理呢？

1.放慢语速的同时加快思维

心理学家曾说："说话慢的时候，思维就要转动得快一点儿，这样才能够让你的下一句话问到核心问题上，从而获取更多的信息。"由此看来，放慢语速是为了让自己的思路更加清晰，而不是让自己的思路随着自己的语速越来越慢。如果你想要观察对方的心理，就应当语速慢一点，注意观察对方，同时思维要高速运转，这样才能够了解对方的真实意图。在现实生活中，很多人在与人交谈的时候，说话像机关枪一样，滔滔不绝，然而他们的思维却跟不上语速，这就导致他们说了大半天而别人却听得云山雾罩，没有听清楚他们讲的都是些什么。所以，与人交谈的时候，首先放慢语速，让别人能够完全听清楚你要表达的信息，因为，别人只有弄明白你说了什么之后，才能够作出相应的反应。换而言之，如果你如江河倾泻一般说了一堆话，可是别人听得糊里糊涂，那么你的一番话就白说了。

2.语速放慢能够让你更好地摸清对方的心理，了解对方的意图

聪明人跟人讲话的时候，都会不急不缓地表达自己的观点，看似漫不经心，实际上心里都跟明镜似的，因为他一边说话一边在观察对方。说话慢的人通常心理上都更为成熟，他们在面对问题的时候不会过于急躁，而是会慢慢地观察对方，从对方的话语中听出对方的真实意图。所以，放慢语速能够

帮助你更好地观察对方，了解对方的真实想法，对于你达到自己的最终目的是非常有利的。

3.语速可以放慢，但是不能三心二意

一位犯罪心理学家曾说："说话慢一点儿总是有好处的，你在和另外一个人交谈的时候，你缓慢的语速总是会让对方说得更透彻一些；但是如果你总是不看对方的脸，显得很轻佻，那么别人肯定会终止和你的谈话。"

一个人说话缓慢而沉稳，会显得胸有成竹，比较睿智，可是如果你讲话的时候不够专心，就会让对方觉得你心不在焉，觉得瞧你不起他。所以，我们和别人沟通交流的时候，语速可以放慢，但是一定要专心致志，要注意看着别人的眼睛，这样才能够让对方感觉到你是在真诚地与他交流，而不是敷衍，这能够让你获得更多有利的信息。

4.要将肢体语言和语速相结合

肢体是我们的第二语言，也被称为肢体语言，它是更能表现你真实想法的一个途径。所谓肢体语言，就是通过手势、表情、站姿、空间距离等非语言行为所表达出来的内心意识。

著名心理学家艾宾浩斯说过："聪明的骗子不但语言会骗人，而且身体和心灵都会骗人，他们的一举一动，在透露出自己真实想法的同时，也能够迷惑对方。而那些不会骗人的人，就是那些总是被自己的身体语言给揭穿的人。"因此，我们在通过放慢语速来掩饰自己真实想法的同时，也应当注意自己的肢体语言，不要因为肢体语言而暴露出自己的言行不一。

连哄带吓，刚柔并济

我们都认为，儿童是最为诚实的，因为他们都不善于撒谎，即便他们撒了谎，我们也能够通过一些手段让他们说出实话来，如刚柔并济的手段。其实，对于成人，也可以利用这种手段来套出他们的实话。

美国联邦调查局认为，我们每个人身上都存在两种心理，也就是成人心理和儿童心理。比如，一个成年人，他在平时的举动中可能异常稳重、成熟，在众人面前总是风度翩翩，举止超常，是众人眼中不折不扣的领袖人物，可是一旦他到了家里或是在自己非常熟悉的人身边，则显得如同小孩子一样，这就是成人心理和儿童心理在作祟。在公众场合，他会利用成人心理去思考和处理事情，可是等他到了自己熟悉的环境之后，见到自己亲近的人之后，他的儿童心理就会逐渐显现出来，尤其是在恋人面前，更会显得无所顾忌。所以很多女人说男人都是长不大的孩子，这就是儿童心理的作用。联邦调查局的探员在审问嫌疑人的时候，会抓住这一心理对嫌疑人进行审讯。他们为了能够彻底摸清楚对方的心理，会运用"连哄带吓"的手段逼迫对方说出自己的真实意图，而这一手段往往屡试不爽。这被他们称为成人心理战和儿童心理战相结合的战术。

对于"成人心理战"，美国联邦调查局高级警员伯德林格曾作过这样的解释："成年人都有了完整的思维意识，这个时候你去'诱导'他们可能很难，但是他们在经受过挫折和失败之后，就会变得容易恐惧，所以威吓有时候更能够让犯罪嫌疑人招供。"从伯德林格的分析中我们能够得知，运用"成人心理战"的时候要使用"威吓"这一手段，利用对方的恐惧心理摸清对方的真实意图，让对方在"战战兢兢""惶惶不定"之中按照我们的思维去行事。

同时，伯德林格对"儿童心理战"也作出了解释："每一个人的天性中都有依赖心理，而人最愿意依赖的就是自己的父母亲，所以我们在审讯的时候就会用'哄小孩'的方式对待一些犯罪嫌疑人，让他们逐渐相信我们，一点儿一点儿地交代出自己的犯罪事实。"从这段话中我们能够得知，在运用

"儿童心理战"的时候，你要懂得如何去哄骗对方，骗取对方的信任，从而摸清楚对方的心理意图，并在这个过程中逐渐掌握对方的思维。

在现实生活中，我们也可以运用这两种战术，也就是抓住对方的恐惧心理和依赖心理，从而牵引住对方的思维，让其向着我们希望的方向发展，进而掌握对方的心理，最终赢得竞争。那么，我们要怎样运用这两种心理战术呢？

1.摸清楚对方内心深处最为恐惧的地方，重拳出击

世界著名心理学大师艾宾浩斯说过："每一个人的内心深处都有两块禁忌之地，一块是让他最伤感的地方，一块是让他最恐惧的地方，而对人伤害最大的并不是最伤感的地方，而是最恐惧的地方。"美国联邦调查局的警官斯蒂芬·嘉纬修斯科也说："在审讯的过程当中，如果能够让犯罪嫌疑人感到恐惧，那么他们就会将犯罪经过交代得清清楚楚，因为恐惧是突破心理防线的最有力武器。"正如他们二人所说，我们在日常生活当中与竞争对手展开心理较量的时候，如果能够抓住对方最为恐惧的地方，并重拳出击，就能够让对方自乱阵脚，不知所措，从而势如破竹般攻破对方的心理防线。很多人说，怎样才能够知道对方最为恐惧的是什么呢？其实不难，仔细观察对方在极力回避什么，那往往就是对方感到最为恐惧的地方。所以，在竞争中我们要善于观察对方是否在有意无意地回避什么，如果对方故意回避，你就可以深入地追问，这往往就是他们最不愿面对的地方，也是最为恐惧的地方，这时候你就可以将对方一举拿下。

2.以"哄"的手段逐渐获取对方的信任，察觉其真实意图

心理学大师弗洛伊德曾经说过："那些我们爱听的话，往往都是谎言，耳朵舒服的同时，我们的身体和内心会遭受更大的伤，在恭维中接受别人的要求。"因此，和竞争对手进行交流的时候，不仅要利用对方的恐惧心理，也要通过儿童心理的战术攻占对方的心理领地。因此，我们要学会用恭维或

者亲近的语言逐渐获得对方的信任，逐渐让其丧失警惕，从而逐步掌握对方的心理。当然，对方是成年人，我们不能够完全将其当作儿童对待，所以在"哄"对方的同时还要注意用缜密的思维方式说服对方，让对方将其真实意图吐露出来。只有这样，你才能够赢得这场对话，才是这场心理博弈中的胜利者。

引导对方进入角色，巧妙套话

很多人和他人进行心理战的时候，往往会遇到这样的人，他总是会以一种"事不关己高高挂起"的态度对待你的一切问答。不论你问什么，他总是以一副局外人的态度对待你，总是一副无可奉告的模样，如同一只刺猬一样，将自己完全包裹起来，让你觉得无从下手。这时候，你不妨让对方从"局外人"变成一个"局内人"。

警察在面对嫌疑人的时候遇到不少类似的情况，因为对方总是在说："问我做什么？""这件事我真的不知道，也和我没什么关系。"对方总是宣称自己毫不知情、自己和这个案件毫无关联，然而聪明的警务人员并没有就此放弃对他们的追问。

男子总是不停地问："为什么找我来这里？

警察会满脸微笑地反问他道："你觉得我们为什么让你来这里？"

"我怎么会知道，是你们让我来的。"男子有些不耐烦地回答，"那和杰西（本案的被害者）有关，你们应该去找和他有关的人。"

"是的，没错。"探员仍然满含笑意地点了点头。

"那么，你们找我来干什么，希望能够从我这里得到蛛丝马迹，让我给你们提供一些线索？""当然，你很聪明嘛！"

"你们是觉得我了解其中的一些情况了？""当然，否则我们也不会劳你大驾。"探员坚定地回答。

其实很多嫌疑人开始总会这么说，他们看似满腹狐疑，并不知道为什么会将自己带来问讯，不管他们是真的不清楚这件事的来龙去脉还是假装疑惑以图将自己与这个案件撇清关系，询问者都可以利用对方的好奇心试探对方。比如，当对方问"为什么找我来这里"时，通常内心都在想尽力和这件事情脱开干系，这时候探员们往往都会用猜测的方式回答："我们接下来玩个游戏如何，我给你二十次提问的机会，或许从这些问题中你能够找到我们请你来的原因。"这样就能让对方自己主动寻找被叫来审讯的原因。有一个非常奇怪的现象，那些真正和案件无关的人往往不知道如何提出问题，只有和案件有着密切关系的人才会知道从哪里问起。如上例中的那位犯罪嫌疑人，从他提出的问题中就能够判断出来他对于案件是略知一二的。

警察利用诱惑对方的方法套出对方的话，就是让对方感觉到他和这件事情有着千丝万缕的关系，让他明白他对于整个事件并不是一个旁观者，而是在其中起着举足轻重的作用，这样才能够让对方和盘托出，将其所知所想巨细无遗地向警方坦白。

在这种谈话中，询问者要占据优势和主导地位，发挥主动性，逐步地将对方引导进他将要扮演的角色中，接下来，对方就能够按照你的想法一步步配合你了。

一次，美国联邦调查局总部将一位极其年轻的主管调到了纽约分局，由于他比较年轻，资历浅，因此很多人都怀疑他是否具备足够的能力。可是他在就职演说上说了这样的一句话："像我这样一个年轻人所知道的是那么少，所以需要依赖我们的老探员的地方是那么多。"就是这短短的三言两语，就让很多怀疑他能力的人打消了顾虑，因为很多人在这种情况下大都表现得极为强势，或者是通过各种行动来展示自己的能力和才干，可是对于一名真正的领导者来说，需要的并不是在部下面前自吹自擂，而是应当调动大家的积极性，让所有人都参与到事件中来，让他们感觉"自己并非置身事外"，并以此来寻求他们的帮助，这样才能够让对方畅所欲言地表达出自己的想法。

其实这就好像是排演一部电影，不管他是撑起整部电影的主角还是默默无闻的配角、一般的群众演员，不管他来自哪个地方，只要他穿上了戏服，进入了整部戏的角色，就要根据整体的剧情听从导演的安排。即便角色再小，也是整部电影的一部分，对于影片的整体水平有着举足轻重的影响，所以，在影片开拍之前，导演要做的就是将所有的演员带入到角色中去，让他们从一个局外人变成局内人，从而激发出他们内在的激情和潜能。

"你要知道，我对你有足够的信任，所以，我有件事想要找你商量一下，听取下你的意见。""你的支持对我来说很重要。"像这些对话，不仅表达出了你对对方的认可，也是将其带入角色的一种非常有效的手段。在生活中，如果你能善用这个办法，相信对你在心理战中是大有裨益的。

巧用激将法，让对方自行说出实情

俗话说"劝将不如激将"，激将法是在竞争中运用的非常普遍的一种方法。所谓激将法是指运用刺激性的话逼迫对方出战的一种方法，通常来说，是通过贬低他人或说反话去鼓动对方做事的一种手段。这是利用对方的自尊心和逆反心理，以刺激对方的方式激怒对方的方法，通过激怒对方，激发对方的潜能，往往能够得到异乎寻常的说服效果。激将法是一种非常有效的口才技巧，在运用的时候要看清楚对方，分析当时的环境以及各种条件，不能肆意滥用，同时也要掌握好分寸，不能够操之过急，也不能过于缓慢。操之过急，欲速而不达，而过慢的话则难以激起对方的自尊心，也难以达到自己的目的。

警察就善于运用激将法来达到自己的目的。

一次，某支队警察锁定了一桩杀人分尸案件的犯罪嫌疑人，可是他们没有确凿的证据，因此无法将其定罪。而且无论他们怎样审讯，犯罪嫌疑人总是一口咬定自己是清白的，并没有犯罪。调查人员无比焦急，明明知道是对方做的，可是苦于拿不出证据来，于是只能够重新对其开展调查，仔细审查案件中的每一个细节，之后又从犯罪嫌疑人身边的亲人以及朋友那里询问一切细节，以期能够掌握对方的心理状况。

后来，在一次审讯中，犯罪嫌疑人仍旧一口咬定自己是无辜的，申辩说自己并没有杀人，更没有分尸，在万般无奈之下，调查人员也失去了耐心，大声对其呵斥道："你就是个没用的懦夫，敢做不敢当，难怪你身边的人都说你是个无能的人，说你没有胆量，如果你真的杀人了，他们也算对你刮目相看了，不过要是真不是你干的……"

不等调查人员的话落地，犯罪嫌疑人已经激动得不能自已了，他发疯似地挥舞着自己的双臂，大声说："没错，是我！他说我没骨气，他们都说我没骨气，你也敢说我没骨气、懦夫！那天我就是想要向他证明我是多么有骨气的一个人，所以我把他杀了，我要让他知道，到底谁才是懦夫！"情绪发泄之后，犯罪嫌疑人才突然意识到自己已经招认了一切，然而为时已晚了。

就这样，调查人员通过运用激将法，不费吹灰之力就让犯罪嫌疑人乖乖地交代了自己的罪行。

我国最著名的运用激将法的实例当属诸葛亮激周瑜了。当时，曹操要大举进攻刘备，刘备势单力薄，以一己之力难以抵挡曹操的大军，于是派出诸葛亮，让其前去说服孙权以连吴抗魏。可当时的吴国都督周瑜出于自身利益的考虑，想要隔岸观火，并不想参与这场战争。诸葛亮费尽口舌也难以将其说服，无奈之下，诸葛亮讥讽吴国空有数万大军，却都做了缩头乌龟，这一激，让周瑜恼羞成怒，决心要与曹操一较高下，而诸葛亮也达到了他的目的。

其实，在现实生活中我们也可以运用激将法来达到自己的目的。那么，运用激将法都要注意哪些方面呢？有三条原则可供我们参考。

1.因人而异原则

运用激将法的时候，要注意欲激发的对象，根据不同人的性格特征采取不同的方法，对症下药，不可滥用，否则可能会取得相反的效果。

2.把握时机原则

运用激将法的时候还要注意时机的掌握，要运用得恰到好处。如果出言过早，时机不成熟，会在很大程度上打击对方的自信心；而出言太迟的话，又难以起到应有的效果。

3.掌握火候，不要过犹不及，也不要隔靴搔痒

运用激将法的时候，不能太过，也不能只是隔靴搔痒。如果出言太过，不仅达不到对方的目的，还可能会让对方做出出格的举动；而火候不够也难以触及对方心理，同样达不到想要的效果。

"二选一"提问法，助你达成目的

我们在遇到一些问题需要向别人询问答案的时候，方式不能太直接，因为那样比较容易让对方产生抵触心理；同时，也不能给对方太多选择的余地，否则，对方很可能会举棋不定，无所适从。要想得到正确的答案，我们不妨采用"二选一"的提问方式来套出答案。

心理学大师告诉我们"二选一"是一种非常有效的提问技巧，因为这种方式能够在很短的时间之内让自己掌握主动权，使对方进入到自己所希望的

状态之中。比如，当一个探员想约见某一人时，绝不会说"您什么时候有时间"，而是会问对方"您明天有空吗"。这样一来，对方哪怕明天没有时间，也会在下意识里思考一下什么时候有空，然后再给探员一个明确的答复。

其实，在现实生活中，很多人都擅长用"二选一"的方式来套出答案，达到自己的目的。

有一个媒婆很会做媒。无论是男是女，只要是有人愿意考虑结婚的事，她就有百分之百的把握去给他们做媒。为什么这个媒婆能有如此大的能耐呢？关键在于她的提问方式。她说道："当一个人对婚姻大事举棋不定的时候，你不能问他什么时候考虑婚事，也不能问他为什么到现在还不考虑找对象的问题，而是要直截了当地提问，'是自由恋爱的方式好呢？还是介绍见面的方式好？'如果他作了选择，那就表示事情已经成功了一半，然后再谈结婚的事。"

在婚姻大事上，有很多人往往会因为对自己想要选择的配偶形象太过迷茫而举棋不定，不知道如何选择。为了掩饰这种迷茫心理，他们往往会寻找这样或者是那样的理由。因此，这位聪明的媒婆通常不会询问为什么不找对象的问题，而是以"二选一"的方式问对方选择什么样的恋爱方式。如此一来，就会使对方产生"是否结婚的问题已经解决了"的错觉，从而顺着她的思路作出选择。

心理学大师告诉我们，在平常的生活中，不能询问别人"你想要什么""你喜欢什么"，而是应该为对方提供两种答案来供其选择，只有这样，才能有效地将对方引入一个你设定的领域当中去。

有一些销售员在销售皮鞋的时候，通常会问客户"您喜欢什么款式的皮鞋"，这种方式看似比较细心，实际上却给客户出了难题，对方一时间也不可能给出一个清晰的答案。如果按照"二选一"的提问方式，就应该说："先生，您要哪一种？这种鞋美观大方，显得很华贵；而另一种鞋很结实，最适合在日常生活中穿。"当你这样说时，客户就会主动考虑哪一个款式更适合自己了。无论他作出什么样的回答，都会落入你设计的"圈套"之中。

"二选一"的提问方式适用于很多场合。比如，一位银行职员想劝别人储蓄的时候，往往不会问他要不要储蓄，而是问他是选择活期还是定期的存款方式；一位善于教育孩子的家长，绝不会对不想学习的孩子说什么时候做作业，而是会问"你今天是要复习功课，还是预习功课？"

可见，"二选一"的方法能够让对方按照你的要求做事，同时也在表象上给了对方一个选择的机会，让对方感觉到结果不是别人强加给他的，而是他自己选择的。这样就能够很好地维护对方的自尊心和虚荣心，从而让对方更好地与你进行合作，最终达成协议。

在向别人进行提问的时候，我们不能简单地问对方"是还是不是""要还是不要"，除非你有充足的把握让对方回答"是"或者是"要"。

"二选一"的提问方式只是一个规则，并没有特定的形式，使用这种方法进行询问的时候，应该根据不同的情况选择不同的提问语言，比如：

"你比较喜欢3月1号还是3月5号交货？"

"发票要寄给你还是你的助理？"

"你要用信用卡还是现金付账？"

"你要红色还是蓝色的汽车？"

"你要用汽运还是空运？"

当你使用"二选一"的方法提问的时候，无论客户选择哪个答案，都能够满足你的要求。

当然，使用"二选一"提问方式的时候，也应该尽量地把握好一定的分寸，注意问话的语气，思考一下所提供的两种答案的先后顺序。如果不思考这些问题，只是机械地以这种方式进行提问，很可能会碰一鼻子灰。

斩断退路，迫使对方说出实情

有着丰富心理战经验的高手在和很多对手交锋之后，往往会得出这样一个经验：很多时候，想要在心理战中占据优势并不难，因为你只要斩断对方的后路，就能够让对方无路可走，束手就擒，进而促使对方坦承事实，或者是按照你的意愿行动。这就告诉攻心者一个道理，在心理战中，一定要从事实出发。如果你能够掌握对方很多的底细和一手资料，就能够胸有成竹地向对方发起攻击。如果你对于对方的事不了解，即便掌握再多的心理战术，滔滔不绝地向对方施压，也难以攻破对方的心理防线，更不能让对手就范。一般来说，相对于长篇大论，人们更愿意相信事实，正所谓事实胜于雄辩，而这也和攻心高手所采用的切断对方后路的办法极为相似。

事实上，高明的警察在调查案件时，都会将这种审讯方法掌握得游刃有余。在他们看来，如果你在进攻对手内心的时候事先切断对方的后路，就能够在很大程度上震慑对方，因为你已经掌握了对方充足的证据。即便对方如何巧舌如簧，在如铁的事实面前，他们的狡辩也是站不住脚的。这时候对方就会暴露出其虚弱的内心，你也就能够顺势而入，势如破竹地攻陷对方的心理阵地了。

警察在审讯嫌疑人的过程中，会精心营造一种氛围。比如，他们会在审讯室的布置上花费很大的精力，而这种氛围会让嫌疑人产生坐卧不宁、如坐针毡的感觉；另外，审讯现场一定要布置一些带有神秘性色彩的灯光。他们在审讯嫌疑人之前，还会准备大量的资料，之后将这些资料摆放在嫌疑人的面前。其实这些资料很多并不是他们正在调查的案子的资料，可是一旦他们拿出很多资料来，对方就会产生巨大的压力，认为警察已经将他们的行径完全掌握在手中了，于是，这些措施就起到了切断对方后路的作用。此外，警察还会在墙壁的装饰上进行精心布置，他们找上几张资料图片，而后将其挂在审讯室的墙上，这样就会凸显出这次调查的正式性和规模性，这等于告诉对方自己已经掌握了对方的资料，任对方再怎么狡辩也是无济于事的，如此一来，警察就更容易达到进攻他人内心的目的。

有位警察称，他在对犯人审讯的时候，会在墙上挂上一张图标，而图标上显示的内容就是各种犯罪行为所对应的罪名标准以及应当受到的处罚。在他看来，这种做法并没有多少深远的意义，可是这种做法能够给嫌疑人制造巨大的心理压力，进而提醒嫌疑人不要和警察展开过多的周旋，因为这会加重他的罪行。如此一来，在审讯还没有开始的时候，嫌疑人心中已经有些慌张了，他们此时想做的事情就是坦白自己的行为，进而争取宽大处理。而他们在这一过程中也很好地确立了自己在嫌疑人心中的威信，这也就增加了他们在攻心战中胜利的希望。

可以说，警察在多年的侦破工作中，采用"切断对手后路"的办法抓获的嫌疑人数不胜数。据此，我们能知道，在和对方进行攻心战的时候，你要想方设法地采取切断对方后路的手段，而要想达到这个目的，最主要的就是让对手清楚地了解到他目前的境地。你可以通过各种布置和材料让对方产生一种心虚的感觉，让对方意识到，你已经对他的行为了若指掌，而对方的任何借口和狡辩都是徒劳的，只有尽快地承认事实才是最好的办法。而在实际的心理攻坚战当中，切断对方的后路这一做法是一种非常重要而且有效的策略，它能够让对方越来越心虚，会从刚开始的强硬态度逐渐变得软弱，逐渐被你的气势所控制，接下来对方就会一步步后退，直到毫无退路为止。在心理攻坚战当中，让对方看到你的实力和已经掌握的资料非常重要，因为任何人在铁的事实面前都会六神无主，这种办法会让你在攻心战中对对方产生强大的震慑作用，进而切断对方的后路，牵制对方的心理，从而成为最后的胜利者。

| 第04章 |

以诚动人，运用心理技巧让你迅速博得信任

几乎每个人都信奉"防人之心不可无"的格言。在陌生人面前，人们从来不愿意袒露自己的心声，不愿意表达个人真实的想法。因此，在沟通中，我们会经常遇到一些冷冰冰的面孔和应付性的语言。为了化解他人的抵触心理，赢得对方的信任，我们应该运用正确的方法来打动人心。

动之以情，晓之以理

犯罪心理研究专家丹尼尔·戈尔说，"实战中虽然有很多方法可以与对手展开交锋，但有一种方法是不可或缺的，那就是'动之以情、晓之以理'。"这是他在经过多年的观察和总结之后得出的结论。在他看来，这种方法能够以柔克刚，可以有效地打动对方，赢得对方的信任。

心理学大师告诉我们，无论是面对知情人还是犯罪分子，只有获得对方的信任才能将调查顺利地进行下去。由于对方或多或少有一些抵触心理，要想让其打消抵触心理，就应该以情"诱"之，以理服之。

在获得他人的信任上，那些资深警官深谙动之以情、晓之以理之道。

比如，他们对一名犯罪嫌疑人进行审讯的时候，按照常规的审讯方法，应该这样说："你要老老实实交代出你的犯罪经过和犯罪同伙，否则，罪上加罪。"这种审讯方式多多少少能对犯罪嫌疑人起到一些震慑作用，但结果未必乐观。当犯罪嫌疑人听到这些话的时候，会因为他们的恫吓而产生厌恶情绪，不肯与之合作。他们的反应要么是大声争辩，要么就是沉默不语。无论采取哪一种形式应对，都会给破案带来麻烦。不过，经验丰富的警察并不使用这种方法，他们会对犯罪嫌疑人这样说："我们看了你的资料，知道你是一名技术精湛的医生，也了解你的家庭情况，你家里有一个漂亮的妻子和两个可爱的孩子。从目前的情况来看，我们怀疑你和一件毒品贩运案有关。

要想证明你自己是清白的，你就应该亲口告诉我们整件事情的经过。同时，我们也非常愿意帮助你，因为我们不希望看到漂亮的妻子失去了丈夫，可爱的孩子没有了父亲。"犯罪分子听到了这些话之后，自然会积极配合，主动交代。因为警察是完全站在他的角度上去看问题的，所以他会主动去考虑一下自己的家人，因此也就自然而然地放弃反抗情绪，争取将功赎罪。

情感，是人们活动的一种动力，一切活动的完成都需要有情感。人的行为，在许多情况下，不是理智造成的，而是情感造成的，或者说是由外界的思想或建议激发你的情感造成的。

在生活中，我们经常会为了某些事情而对别人进行说服。在说服的时候，没有人会因为理直而气壮，用严肃认真、生硬呆板的方式去对人进行训斥式劝说。每个人都有自尊心，当我们用比较严肃的口吻进行劝说的时候，在对方看来这很可能是强制和威胁，那么我们的劝说就会成为强制性灌输，会加剧对方的不信任。一旦不信任感加重，我们就无从达到目的了。

有一位刚刚上任的经理在就职大会上对全体员工们说："我能够成为咱们这个部门的经理，从心眼里感到高兴！但是这个经理并不好当，毕竟压力大、任务重。我想在座诸位心里也会想，这个新来的经理能把我们带到哪里去，是不是也和以前的经理一样捞一把就走？现在我向大家交个底儿，我既然来了，就准备把这个经理长期干下去，绝对不会弄些表面工程'捞一把'就走人。因为，那样对咱们部门、对我自己来说，都没有什么好处。我既然当了经理，就非跟大家一块干出点名堂不可，咱们好比一根绳子上拴着的蚂蚱，飞不了你们，也蹦不了我……"这几句话平实、通俗，没有大道理，更没有表面的客套，但让人们听了都觉得心里很舒服，因为他把话都说到别人的心里去了。他的这番话，让那些对他持有观望和怀疑态度的人打消了忧虑，认为他是一个真心想干事的人。许多人说："这个经理就是不一样……""经理很不错，我们跟着这样的经理干，心里很踏实……"

这位经理第一次亮相就在员工们的心里留下了十分深刻的印象。他这些看似十分平淡的话其实是经过了慎重考虑的，他知道讲一些枯燥的大道理绝对无法引起员工的好感，倒不如将自己的真实想法告诉他们，用动之以情、晓之以理的方式来感化他们，和他们完成良好的沟通，形成相互信任的关系。

周恩来总理曾经说过一句话："与人说理，须使人心中点头。"这就要求这我们在和别人说理的时候要做到动之以情、晓之以理。打动了对方的感情，就能在双方的心理上引起共鸣，那么一切的难题就会迎刃而解了。

动之以情、晓之以理，就是要做到情理结合，以理服人，以情动人。在生活中，得理不饶人的方法是不可取的。毕竟，人的全部心理活动，都离不开情感的伴随，情感是沟通的桥梁。只有将对方的情感"俘获"，才能让对方由衷地对你的意见表示赞同。我们常说的"通情达理"也正是这个意思。

站在对方的角度，说为对方着想的话

中国有句俗话叫作"害人之心不可有，防人之心不可无"。面对错综复杂的社会环境和不知底细的沟通对象，许多人会下意识地产生一种抗拒心理和防范意识。从这一点上来说，想要取得别人的信任是一件非常不容易的事。

现代心理学告诉我们，要想获得一个人的信任其实并不难，只须多为对方着想，站在对方的立场上去说话就可以了。换句话说，就是在说话的时候不要过多地以自我为中心，而是要多讲一些和对方切身利益息息相关的话。因为这些话能够表达出你对他的关心，他在感动之余自然就会放下心中的盔甲，对你表示好感与信任。

比如，面对一个手持凶器正在抢劫但并没有造成严重后果的罪犯，警察在劝说他放弃行动的时候，很少会站在道德层次上对他进行呵斥，而是站在对方的立场上进行劝说："我的朋友，请不要激动。你是不是在生活上遇到什么难处了？如果你愿意，不妨告诉我，我一定会尽力帮助你。你要知道，抢劫可不是什么好办法，按照法律规定，如果抢劫成功，会被判3~5年的有期徒刑；如果造成严重后果，很可能会被终身监禁。现在，你已经没有办法逃出警方的包围圈，唯一的选择就是放下武器，停止抢劫行动。只有这样，以后你才能继续做一个自由人……"很明显，后一种方式要比前一种方式更有效。因为第一种方式注重的是社会影响，对行凶者无法形成有效的约束作用，反而会激起对方更大的愤怒与狂躁，坚定他抢劫的决心；后一种劝说方式则完全站在对方的利益上去看问题，每一句话都表达了对行凶者的关心。抢劫者在听了这些温暖的话之后，自然会备受感动，也会认为警察是一个值得信赖的人，也就心甘情愿地停止行动缴械投降了。

在实际生活中，我们要想让别人信任自己，按照自己的意愿去做事，就应该多替对方考虑，多说一些为对方着想的话。当然，在利用这种方式的时候，仍需要注意一些分寸，掌握一定的原则。这就要求我们做到以下几点。

1.搞明白对方究竟需要什么

每个人的切身利益都是不尽相同的，不同的人有着不同的关注点和不同的需求。想博得对方的信任，就应该明白对方喜欢什么，需要什么，真正的利益关注点是什么。比如，面对一个有些清高而又珍惜名声的沟通对象，你就应该想办法说一些维护其名声的话，而不能"诱"之以利，对其许诺金钱上的回报。如果你那样做，就不是在替他着想，而是在侮辱他了，如此一来，你非但不能博得对方的信任，反而会激怒对方。

2.以事实为依据讲道理

心理学大师告诉我们，为对方着想并不是空口无凭地给对方许下一个美丽却无法实现的诺言，也不是空口无凭地捏造一些根本就不存在的事，更不是用三寸不烂之舌去鼓动对方的欲望。别人并不是傻子，当你费尽心力地表演并自以为计的时候，往往已经失去了最后一次取得他人信任的机会。或许，对方是一个天真的人，会轻易地相信你所说的每一句话，但是，当日后你的许诺无法实现，谎言一旦被揭穿，那么，对方就会认为你是一个口是心非的小人、巧舌如簧的骗子，也会疏远你，甚至会采取猛烈的方式报复你。一旦出现了这种情况，无论你做什么样的努力，都没有用了。

3.注意语气和措辞

在表达为对方着想的意见时，语气要亲切热情，措辞要委婉，只有这样才能让对方了解你是在真正为他着想。反之，如果你用较高的声音，摆出一副居上临下的面孔，说一些生硬的词语，则很难引起对方的共鸣。即便你是在为对方争取利益，在他看来这却是一种施舍。当他们感觉到你是在施舍的时候，心里就会非常不痛快，还有可能情绪失控，做出一些出格的事情来。

表达信任，信任才能换来信任

许多人会在得不到他人的信任之际大发牢骚："我说的话已经够明白的了，为什么他依然不相信我？" "这个人真是不可理喻，我想尽了方法也不能从他嘴里得到实情……"其实，问题并不在别人的身上，关键的原因还是在自身。他们在发牢骚之前，应该想一下这个问题："你一心想博取他人的信任，是不是先信任他们了呢？如果你根本不信任对方，千方百计地掩饰自己的企图，凭什么要别人去信任你呢？"

从心理学的角度看，要想让对方信任你，首先就应该表达自己对对方的信任。信任，是架设在人心的桥梁，是沟通人心的纽带。我们要想尽快获得他人的信任，赢得他人的友谊，就应该记住"欲取之，先予之"。如果你不愿意付出，只想索取，那么最终的结果必定是失败。

的确，人与人之间的交往交谈贵在以心换心，坦白、真诚、表露真心。只有做到了这一点，才能让对方感受到你的信任，从而放下猜疑、戒备的心理，把你作为知心朋友，乐意接受你的一切。每一个人的内心深处都有内隐闭锁的一面，同时又有希望获得他人的理解和信任的一面。而开放是有前提条件的，那就是向自己信得过的人开放。只有以诚待人，信任他人，才能打动对方，获得他的信任。

信任是一扇由内而外打开的大门，它无法由别人从外面打开。那么，究竟怎样表达对别人的信任呢？

1. 真实

在和别人交谈的时候，必须保证所传递信息的真实和表情的真诚。须知，任何一句不符合事实的话，一个虚假、虚伪、欺骗乃至不自然的表情，都会成为别人不信任你的理由。

2. 坦诚

在谈话中，不能有、也不能让对方感觉到你有值得怀疑的目的与言行。如果在交谈之中因为口误让对方对你产生误解，你也不要生气，更不能将错就错，而是要及时纠正错误，开诚布公，以坦诚的心态去和对方沟通。只要你真正做到了坦诚，对方对你的信任就不会打折。

3. 放下身份

无论面对什么样的人，我们都要放下身份，以一种平等的心态去和他们交流沟通。因为没有一个人愿意和不苟言笑、居高临下者谈话，更没有人愿意信任这种"拿架子"的人。

4. 把话说得亲切点

表达对别人的信任，不仅需要传递真实的信息，还需要在话语中带有亲切的感情。毕竟，人都是感情动物，谁也不愿意和冷冰冰的人多说一句话，更不愿意和一个冷血的人建立友谊。

5.多站在对方的立场上说话

心理学大师遇到不肯合作的对手时，很少会发怒，也很少会训斥对方的冥顽不灵，更不会转身离开。通常情况下，他们会心平气和地去给对方摆事实、讲道理，站在对方的立场上去考虑问题，分析问题。比如，高明的警察面对因担心受到报复而不肯提供情报的人时，他会以一种亲切的口吻说："我很理解你，你并没有错，如果我是你，也可能会这样做。"然后再表态："不过，你放心，我们一定会保证你的安全，绝不会让犯罪分子得逞。"这样一来，就会使彼此的关系更近一步，也就获得了对方的信任。

6.适当地说一些玩笑话

玩笑话不仅能够缓解紧张的气氛，还起着传递信任的作用。毕竟，陌生人之间都有提防心理，有疏远感，交谈的时候多是一本正经，不可能会开玩笑，只有相互信任的人之间才可能会说出亲昵的话。因此，当你向对方说一些玩笑话的时候，就是在告诉他你已经把他当成了自己人，如此，对方自然会投桃报李，表达对你的信任。

当然，如果彼此的关系不太熟，在开玩笑的时候就应该掌握一下火候，注意一下分寸，玩笑不能开得过太过火，否则就会适得其反。

话语间展现亲和力，赢得他人信赖

亲和力是指"在人与人相处时所表现的亲近行为的动力水平和能力"。人们在交往当中，通常都会因为和交谈对象彼此之间心理上存在着共同或者是近似之处而产生亲切感。一旦产生了亲切感之后，就会对对方产生极大的好感和信任。一旦对方提出什么要求，他们就会尽量满足，如果对方提出一些问题，他们也会知无不言、言无不尽。

人普遍渴望自己拥有"亲和力"，这是渴望与他人亲近、和谐相处的一种心理状态，而亲和力也是赢得别人信任的重要方式。很多人尽管有着良好的愿望，却因为找不到合适的方法而倍感苦恼。那么，究竟怎样做，才能让自己说话具有亲和力，赢得他人的信赖呢？以下是几种值得学习的方法。

1.配合别人的感受方式

每个人都有着独特的方式来感受和感知这个世界，大体可以分视觉、听觉、触觉三大类。采取不同方式的人，倾向使用的感觉器官也会不同。我们应该根据对方不同的感受方式来配合，进而获得亲和力，赢得对方的信任。

通常情况下，喜欢用视觉感受世界的人，比较喜欢快节奏，他们说话速度比较快，思考速度比较迅速，还喜欢阅读图标，行动能力都比较强；喜欢用听觉感受世界的人，喜欢四平八稳、比较有秩序的生活，在说话上常常是不疾不速，不喜欢和别人争辩，更不会抢白别人，喜欢聆听，在行动能力上则表现得稍微弱一些；喜欢用触觉感受世界的人，比较重视自身体验，注重自我感受，在为人处事上喜欢以自我为中心，在说话上速度也相对较慢，他们也喜欢倾听，不过这种倾听大部分情况下是"沉默的反抗"，是他们对交谈话题不感兴趣的一种别样表达。

了解了这些之后，我们在和别人交谈时，就可以先观察一下对方是以什么方式来感受世界，然后再迎合他的特性来说出使其感兴趣的话，以此来增加自己的亲和力，增进彼此间的情分，赢得他的信任。

比如，一个人的说话速度非常快，那么可判定他是视觉类型的人，和他谈话的时候就要多强调一下行动与成果。如果一个人说话时喜欢分成一、二、三，就可以断定他是触觉类型的人，和他们交谈的时候就要多谈一下对某事物的具体感受。如果你在没有了解对方是什么类型的人之前就开口乱说话，很可能会让双方的交谈出现尴尬，很难取得对方的信任。

2.配合别人的兴趣和经历

利用物以类聚的原理来增进彼此间的亲和力也是一种有效的方法，找出及强调双方之间的类似经历、行为或想法。在工作、生活中，可以多观察一下对方的小细节，找到可能与他们相近似的地方，以此来拉近彼此的距离，获得对方的信任。

比如，你登门拜访一个陌生人，进门之后看到阳台上有很多盆栽，就可以问："您对盆栽很感兴趣吧？"看到象棋、图书、高尔夫球杆等，也可以以此作话题。当然，如果你一时间找不到可以提供线索的东西，你也可以去关心一下对方的家庭成员，说一些"令尊大人还好吧""令郎上学了没"之类的话，以此来增加亲和力，获得对方的好感，进而博取他的信任。

3.使用"我也"的句子

如果对方的经历或见解中有跟你类似的地方，你就可以多使用一些具有神奇力量的短话，它就是"我也……"。这样一来，对方就会很自然地把你看成与他有共同语言的人，也会将你引为知己。

比如，"啊，您去过北戴河是吗？我也去过呢！就是今年6月的事儿，您是什么时候去过的呢？""您同意服务行业最重要的是细心是吧，其实我也是这么想的……"只有细心才能表现出对客户的尊重，才能获得客户的好感。

当你拥有了这些技能之后，就能说话具有亲和力，博得他人的好感和信任。

总而言之，亲和力之所以能够产生如此大的作用，是因为其本质上是一种爱的情感，只有发自内心地去爱别人，才能够真正地亲近对方，关心对方，不至于落下一个逢场作戏的负面评价，最终获得对方的认同和信任。

放低自己，抬高对方

"如果想要博得对方的好感和信任，就必须要懂得利用这一心理策略——适当'贬低'自己，抬高对方。"这是很多沟通高手常常挂在嘴边的一句话。无论和什么人打交道，他们都经常使用这种方法，并取得了非常好的效果。

面对任何一个沟通对象，他们都会适当地"贬低"一下自己来抬高对方，以此来获取对方的信任。在他们看来，这种方式能够让对方在心理上有一定的优越感，也就比较容易脱下"心理防弹衣"，以真诚的态度来和你进行交谈。

生活中，我们每一个人都非常希望得到别人的激励或者是赞美，而适当的赞美是最佳形式。这种形式可以迅速拉近自己和别人之间的心理距离，也能够架起彼此信任的桥梁。不过，对于那些性格内敛而又有些孤傲的人来说，如果过分地去抬高他们的成就或者社会地位，很可能会产生相反的结果。因为在他们看来，过分的吹捧就等于是变相侮辱。为了避免出现这种情况，我们在激励和赞美他人的时候要注意一下分寸，掌握好正确的方法，而这种正确的方法就是——适当"贬低"自己。这是因为，每一个人都有自尊心，谁也不愿意做有损自尊的事。如果一个人在外人面前"贬低"自己，就等于是心甘情愿地承认别人比自己强。这样一来，那个"比你强"的人就会觉得你是在真心真意地向他表示尊重和敬仰，也就很容易对你产生信任感了。

美国圣佛郎西斯科州是经济较发达的地区。有一段时间，这里出现了很多地下钱庄，严重干扰了当地的金融秩序，也破坏了当地的稳定。因此，联邦政府就决定联合州政府将那些开地下钱庄的人绳之以法。

由于地下钱庄的隐蔽性非常高，警察局无法从常规的渠道去搜集证据，更无法对地下钱庄的老板们实施抓捕，因此，联邦政府决定派一名经验丰富的警务人员做卧底，打入钱庄内部了解具体情况。

这名警察以商人的身份顺利潜入地下钱庄内部。他通过中间人找到地下钱庄的老板，并给这位老板送上了一份大礼。两个人见面之后，警察对老板说："小弟从西欧来，却早就听说过您的大名。今日来到大哥的地界上谋生，还请您多多指教才是啊。"钱庄老板见这位生意人非常低调，态度谦恭，对自己也很尊重，就非常高兴地接纳了他。

接下来的一段时间里，警察经常给钱庄老板送礼，还常常表示要向他多学习。这样一来，钱庄老板的警惕性就放松了，把这名警察当成了自己人，并且向他透露了很多钱庄的内幕。

三个多月之后，在钱庄老板的"帮助"之下，警察将这家地下钱庄的组织结构、人员安排、黑金来源等重要信息了解得一清二楚。于是，他和联邦调查局总部及时取得联系，报告了地下钱庄的具体位置和交易时间。最后，联邦调查局根据这名警察汇报的信息，联合当地警察局，成功地将圣佛郎西斯科州的黑社会财团一网打尽。

案子结束之后，这名警察感叹道："这些黑社会的人警惕性非常高，不会轻易相信人。但是，他们身上存在着致命的缺陷——目空一切，自高自大，喜欢让别人抬高自己。在和他们打交道的时候，我以'贬低'自己抬高对方为武器，最终赢得了他们的信任。"

心理学上，有个著名的"跷跷板效应"：沟通的双方就相当于坐在同一个跷跷板上，如果一个人将跷跷板的一头紧紧贴在地上，另一头的那个人就会被高高举起。被高高举起的人就会因为被认可而产生愉快的心情。与之相反，如果一个人只想让自己被高高举起，而一直让对方扮演贴近地面的角色，势必会引起对方的反感与愤怒。如此一来，双方的关系就会变得非常冷淡，甚至有可能会达到剑拔弩张的地步，最终自己非但不能得到对方的信任，还会引起他的仇恨。由此可见，"贬低自己抬高对方"在谈话中所占的地位有多么重要。

生活中，我们要明白这样一个道理：在人际交往当中，要想取得对方的信任，应该放下身段，适当地"贬低"一下自己，抬高一下对方，来达到自己的目的。

借用故事，让你的言论有据可依

沟通大师告诉我们，如果你在某件事情上有着鲜明的观点，又想在第一时间说服对方的话，就不要费尽口舌陈述道理。因为，道理一般都是枯燥的，很难吸引有防备之心的人；在说服力上也是苍白的，难以起到应有的作用。在这个时候，就要收起那些大道理，运用生动的故事来进行说服。无数个事实证明，鲜活的故事比枯燥的理论更具有说服力。

当然，我们所借用的故事，需要满足以下几点条件：

1.有明确的观点

这是利用故事说服人最重要的前提条件。须知，故事是要为观点服务的，如果你在讲述故事的时候没有一个明确的观点，不知道自己想要表达什么，那么，无论你的故事说得多么完美，多么感人，最终也不会有什么好的结果，你也就由一个说服者变成了陈述者。别人只会觉得你的故事讲得精彩，而不会认为你的观点很有道理。

2.寻找恰当的故事

恰当的故事是最有力的说服证据。如果你选择的故事和你所陈述的观点相悖，自然就会起到南辕北辙的效果。比如，如果你想要说服别人遵守交通规则，就应该讲一些酒驾、闯红灯、超速等行为带来的倒霉事，只有这样才能让对方信服；反之，如果你大讲特讲穿衣搭配的故事，恐怕对方就不会按照你的思路去行事了。

3.将故事融入到你的阐述之中

这就需要我们注意两点：第一，必须有故事，第二，必须有阐述。两者缺一不可。在内容上，故事所占的比例可以适当地大一些，但阐述绝不能没有。同时，需要注意的是，两者的结合不能显得太生硬、太突兀，而是要做到有机结合，将你的观点和故事紧密地联系在一起，起到在不显山不露水之际影响对方的作用。

4.要带有激情

在利用故事说服人的时候，你没有必要大张旗鼓、手舞足蹈、表情夸张，但也不能不苟言笑，而是要将自己的观点明确地表达出来，并赋予一定的激情。这就要求你在讲故事的时候慎重选择词语，多用一些能够让对方产生画面感的词，同时也应该辅之以具体的表情。另外，在作陈述的时候要把握整体的节奏感，在关键点上提高嗓音，在重点上懂得适当停顿。

5.用事实来支持观点

用讲故事的方式来证明自己的观点并不是说只讲一个故事或者只能将故事镶嵌在表达内容的中间位置，你可以多讲几个，也可以将故事用在开头或者是结尾。至于需要多少，这就要视具体情况而定。

讲故事不能显得太仓促，而要有自然的过渡。比如，当别人不同意你的意见的时候，你可以说："先让我来给你讲个故事吧，丹尼尔是某小区的一个保安……"然后讲故事，用以支持你的观点。

不过，虽然讲故事非常有效，但并不适合用于任何场合。在很多时候，尤其是在和犯罪分子较量、商业事务谈判上，最佳的方式还是直奔主题，表明自己的观点。须知，在这种情况下，事实和数据本身就是故事，我们没有必要煞费苦心地去搜集其他东西来证明自己的观点。

第 05 章

巧妙引导，借助空间与道具潜入他人意识

要从别人的口中套出实情，不仅需要口头上的功夫，还需要借助空间与道具来逼迫、"诱使"对方说出实话。道具、方位选择对了，对方就会不由自主地实言相告。

提升自身气势，让对方不得不说实话

气势是指人表现出来的力量、威势。强大的气势，能够产生震慑别人的作用。反之，若与人交往时表现得非常软弱，说话底气不足，那么，就会让沟通对象瞧不起你，他们非但不会向你吐露实情，反而有可能会编织一些谎言来欺骗你和嘲笑你。因此，在和别人沟通的时候，我们要提升自己的气势，用气势压倒对方，让其不敢对你说谎。

或许对于有些人来说，平时软弱惯了，想提升自己的气势又不知从何做起。既然如此，我们就不妨按照心理学大师提供的建议去锻炼和培养。

1.抬头挺胸

一个人的气势不仅体现在精神方面，往往还会依靠某一肢体的动作或是姿势来展现，更靠他的全部肢体协调起来发挥一个整体的效果。例如，一个人做了一个尖塔式手势，却双目无神、含胸驼背，低着头，那么即使他的手想要表达自己的自信，也难以给人一种自信的感觉。

军人在训练军姿的时候，都被要求抬头、挺胸、收腹，虽然这样站着远比随意站着感觉上要累许多，但当你抬起头、挺起胸之后，立刻就能感觉到气势的提升，就好似原本的一口气从胸腹之间骤然提到了头上，感觉浑身都充满了生命力，气场自然而然也就有了。所以，我们想要提升自己气势的话，也应该抬头挺胸，让自己变得气宇轩昂做起。

2.保持清醒的头脑。

沟通时难免会出现一些突发情况，这时，很多人会因为没有心理准备而变得惊慌失措，不知所以，而沟通大师们却能在这种情况下保持清醒，有一种泰山崩于前而色不变的定力。这种举重若轻的气度和魄力就形成了一个极大的磁场，强有力地吸引着那些不知所以的人。有些人会把他们看成"救命稻草"，自觉地向他们靠拢，并心甘情愿地接受他们的差遣，将自己所知道的情况原原本本地告诉他们。

3.要坦然面对不确定因素

在沟通的过程中，谁也不敢保证自己能够全部回答出别人提出的问题，总会遇到一些自己不知道的问题。但越是在这个时候越不能胆怯，而是要以一颗坦然的心去面对。

比如，有一位专家和别人沟通的时候，对方向其提出了一个非常复杂的问题，他没有因为不知道而慌张，而是不慌不忙地回答，这个问题很好，不过我现在不知道答案。如果你愿意给我电子邮箱，我稍后告诉给你答案。这样一来，对方就不好意思再追问什么，更没有理由去嘲笑这位专家了。

4.不要刻意取悦于人

为了使沟通更好地进行，我们在必要的时候可以取悦一下对方，但绝不能刻意地去"取悦"。一个人要想更有气势，心里一定要有一个比起给别人留下美好印象还要重要的"目的"。比如，给他留下一个"不可侵犯""不可欺"的印象也未尝不是一件好事。

5.说话态度要不卑不亢

当人们遇到某个地位较高或者是比自己有权势的人的时候，就会不由自主地改变自己的行为。这样一来，就大大削弱了自己的气势，让对方显得高自己一等。

一个有气势的人不会想要高高在上或对周围的人施恩，也不会认为对方神圣不可侵犯。我们面对的沟通对象可能是自己的老板、客户的老板，但对于沟通双方来说，都是平等的，你没有必要高看他们一眼。

6.说话时懂得抢占先机

心理大师们在和对手交锋的时候，都会不惜一切代价地去抢占先机。因为在他们看来，谁抢占了先机，谁的胜算就会大一些。这是因为，抢占先机就意味着这个人有着超出对手的勇气。因此，我们在和对手进行对话或者是谈判的时候，应该尽量地让自己占据主动地位，给自己营造一个主场出来。这样一来，能够非常有效地震慑住对方，迫使对方乖乖就范。

7.呈现出正面的能量

有气势的人总是充满能量。这未必写在脸上，而是让人感觉到一股要爆发的能量。一旦让人感到了这种能量之后，就会让人联想到凛然正气、邪不压正之类的词语。如此一来，别人就会把自己知道的信息悉数告诉给他了。

为他提供一个门口的座位

在地铁上，如果仔细观察一下就会发现这样一个奇怪的现象：有很多人都不愿意坐在或站在门边的位置，如果不是迫于无奈，谁也不愿意主动向门边靠拢。绝大部分人这样认为："坐在门口容易受到外界因素干扰，上车下车的人太多，不仅会打断我正在做的事，还有可能会破坏我的心情。因此，我宁愿选择在不透风的角落里待着，因为那样至少还可以安安静静地玩手机、听音乐，做自己想做的事。" 心理学大师告诉我们，这些乘客的回答传递出这样一个信息：距离门口的位置越近，个人的"存在感"就越强。因为只有个人感觉到"存在感"强的时候才会非常在意外界的因素，不愿意受到太多的干扰。

门口就相当于公共场合，离门口越近，个人空间就会越小，心理压力也就会越大，存在感就会越强，在语言的表达和情绪的表现上就不大容易藏着掖着，而是会直接体现出来。

如果我们再细心观察一下人流比较大的餐馆，会发现这样一个非常有趣的现象：越是社会地位高的人越不会坐在靠门口的位置，只有那些没有什么社会地位和影响力的人才会选择门口的座位。因为门口的座位通常都会被视为"末座"，是给"下等人"准备的。只要餐厅里还有位置，顾客就不会选择靠门的桌子就坐。靠近门口的桌子，几乎是形同虚设，顾客若不是迫不得已，绝不会主动坐在那里。再者，即便坐在了那里，待的时间也不会太长，通常都是吃完饭之后很快离开。因为他们的潜意识里觉得，坐在门口就等于是给人当猴看。

心理学家曾经做过一项社会调查，调查结果显示：在一座居民楼里，离电梯口越近的住户，越容易受到楼内居民的抵制甚至是攻讦。出现这种现象并不是因为风水有问题，而是和门口的存在感有关。对于这些住户来说，他们求安静而不可得，要长年累月经受上下电梯者的骚扰，心情就会变得非常郁闷，见了那些邻居也就不会有什么好脸色，那些邻居自然也就不会对其有好感了。尽管他们接触的人是整个居民楼里最多的，但他们也是最容易得罪人的。因此，受到抵制和攻讦也就不难理解了。

通过以上三个例子我们可以了解到人们不喜欢门口位置的原因。尽管坐在门口位置可以看到形形色色的人，看到不同的风景，但这个位置会"绑架"自己，给自己带来痛苦和压力。因为压力过大，坐在门口的人就会承受不了，也就极容易表露出个人的真实想法，让别人了解到自己的内心世界。

得知了以上知识之后，我们也就不难了解为什么警官在审讯犯罪嫌疑人的时候喜欢让他们坐在门口的位置了。因为对于绝大多数人来说，门口位置是敏感地带。坐在敏感地带就等于是把自己放在火炉子上"烤"，备受折磨。为了少受一些折磨和摧残，犯罪嫌疑人不得不缴械投降，坦白真相。由此可知，警官在给犯罪分子安排座位的时候，绝不是一时兴起，任意指定，也不是毫无根据地随机安排，而是经过深思熟虑之后才作出的选择。

实事求是地说，将沟通对象的座位安排在离门口近的位置也是不尊重对方的一种表现，是在暗地里给他设置一个"精神空间监狱"，是对其身体的一种变相摧残。因为这个地方常常会引起走廊里面的人的注意，也容易被外面嘈杂的声音影响情绪；如果是冬天，从门口吹来的寒风会干扰他的心情。不过，这都是迫不得已而为之的选择，毕竟，真相是最重要的，为了得到真实的信息，在不违背法律和社会公德的基础上适当地耍一些小手段还是可以的。

当然，如果你的沟通对象和自己非常熟悉，是无话不谈的至交好友，就没有必要采取这种方式来"套话"了。在这个时候，费尽心机、拐弯抹角、旁敲侧击之类的手段，远不如直来直去有效果。毕竟，这种方式是给那些狐疑成性、生性狡诈、喜欢说谎的人准备的，而不是用来对付朋友的。

与人交流，是站着还是坐着

无论是在学校里还是在社会上，老师都有着很高的地位。但是与其尊贵地位不相称的一面就是，他们在讲课的时候通常都是站着。长时间地站立，会给人带来疲惫感。因此，许多人建议让他们也和学生一样坐着。按说这种建议应该得到教师们的大力支持才对，没想到最后却遭到了绝大多数老师的反对。

这是为什么呢？难道教师们不懂得坐着更舒服一些吗？当然不是，老师们给出了自己的解答：站立讲课，他们的视线可以毫无遮挡地、居高临下地投向每一位学生，学生会在老师的视线"控制"之下，学生的任何一个小动作、任何一点眼神和心态的变化都会在老师的"掌控"之中，老师容易组织课堂纪律；站着讲课，教师可以走下讲台到"下边"巡视，近身观察，发现学生在学习过程中的不作为问题，让学生利用充分的时间学习。总之，站着说话虽然累些，却能表现得更有气势、更有威严感，更能让自己处于强势地位。

教育专家曾经指出，在授课效果上，站着讲课和坐着讲课并没有什么本质的区别。但是，站着授课的方式更能够体现出教师的威严，更能让学生认认真真听讲，也能让师生之间形成有效的互动。

美国斯坦福大学的一个教授曾经专门对于"站姿"和"坐姿"给人们带来的影响做过调查：他向被测试者提供了两张站姿和坐姿的照片，请他们说出哪一种姿势更具有气势一些。最后发现，有80%的人觉得站姿更具有气势，而认为坐着更具气势的人则只有20%。

而在气势的表达上，站姿比坐姿更具有优势。对于这一点，断案的警察可谓深有体会。他们在和同事、知情市民、犯罪分子进行沟通的时候，为了有效达到沟通目的，他们往往会选择站立的方式。

瑞德是联邦调查局总部中年纪最轻的主管，他在和下属们开会的时候很少会坐着分配任务，而是尽量地选择站立的形式。哪怕是碰到了错综复杂的案子，需要和下属们进行长达三四个小时的商议，他也是站着说话。有一些下属看到之后，于心不忍，就劝他坐下来讲话，但都被他婉言谢绝。

后来，有人问他为什么选择站立的方式与人交谈。瑞德笑着说："在联邦调查局里，我是年纪最小的主管。尽管我是刑侦专业毕业，但是在实战经验和业务的掌握程度上和那些资深的联邦调查局探员们没法相提并论，这是我的致命伤，也是一些老探员不愿意服从我的原因。为了弥补这方面的不足，从气势上"镇住"那些老探员，我就必须要站着，因为这样会显得比他们高大，会给他们带来精神上的压力，让他们不敢有小看我的想法。反之，如果我选择坐下来，那么我的气势就会削弱，也就难以让他们仰视。在这个时候，他们可能会因为瞧不起我而故意提供一些错误的信息或者是说一些有弦外之音的话，我会受到他们的冷眼。"

对于想放松的人来说，坐姿可以说是一个不错的选择。但是，坐下来之后，气势就会受到削弱，随着腰部的放松，一个人的语言也就没有了任何张力可言。因此，在沟通对象面前，尽量别采用坐姿。如果说采用坐姿是处在"守势"，那么，站姿就等于处于"攻势"。站着和人进行交谈，就等于是有了强大的气场和咄咄逼人的气势，对方会因为抵抗不住你的强大攻势而缴械投降。

心理学专家告诉我们，越是碰到那些自高自大、自以为是的沟通对象，越要采取站立的姿势去说话、去表达。因为站立本身能够给人带来威慑，使其因为"矮你一头"而产生恐惧与不安。当其产生恐惧与不安的时候，自然就不敢也不能再耍滑头，只能束手就擒，按照你的思路去做事。

当然，在交流的时候并不是说时时都要站着说话，如果沟通对象是你的莫逆之交，你就可以采取坐着的形式来和其交流了。如果你选择了站立的姿势，就等于是存心要压倒对方，给其制造心理压力，使得原本准备对你实言相告的朋友产生不愉快，也很可能使他勃然大怒、拂袖而去。故而，这种交流方式可以多用，但不能滥用，而且要慎用，根据交流对象的不同来决定是否使用。

小小座位，如何安排区别大

美国联邦调查局在刚刚建立的时候对座位的安排、方法和坐向都有过专门的研究，以便帮助探员们在进行侦讯工作的时候可以更好地把握对手的心理，掌握"套话"的主动权。心理学家们对座位的研究，也可以作为我们在谈话时利用的工具。

为了更好地掌握谈话的主动权，我们可以学习一下椅子摆放的知识。大体说来，椅子安排方面需要注意以下几点。

1.和男性沟通，椅子要并排安排

沟通大师指出，如果不是正式场合，两个男性沟通的时候，座位安排最好不要面对面。因为这样会让交谈的双方产生拘束感和不安全感，如此一来，就难以构建良好的沟通氛围，难以让交流产生良好的效果。

有很多男人喜欢坐在车里谈论一些重要的事情。这并不是因为车座舒服，而是因为驾驶座和副驾驶座是并排的，坐在这样的位子上探讨问题，心情就会比较放松，也比较容易达到理想的效果。

如果细心观察就不难发现，当两位男性在无可奈何之下必须选择面对面坐着的时候，他们就会不由自主地将身子略微倾斜，很少会形成直线的形式。因为他们在潜意识里认为，避开面对面可以减少一些彼此的抵抗心理，这样更容易建立一种融洽的交流氛围，给彼此留下好的印象。而面对面交谈则会让男性产生不安全感，大多数男性都不喜欢从正面被人盯着，因为那样会让他们感到很有压力。

2.与女士进行沟通，座位安排应该面对面

心理学家经过大量的调查取证和研究，发现女性和男性在座位的选择上有着完全相反的倾向，她们不喜欢并排而坐的方式，而是喜欢和沟通对象进行面对面的交谈。

对于大多数女性而言，面对面的交谈才能够传递出自己真挚的眼神和友善的表情，也能够让自己了解到对方的真实想法。如果给她们安排一个并排而立的座位，她们就会因看不到对方的表情而心神不宁。因为她们比较敏感，也生性多疑，看不到交流对象的面孔就会觉得对方要么是在生她的气，要么就是看不起她；或者觉得对方的回答只是在应付，并没有认真地听她在表达什么。

绝大部分女性都比较喜欢和人有一种亲昵的感觉，而面对面的交流方式则是亲昵的重要表现形式。因此，在和女性聊天的时候，要给她们安排一个面对面的座位，以此来构建一个良好的沟通氛围。

3.在庄重场合，"主位"只能有一个

这里的"主位"指的就是"主角"坐的位子。这里的主角不是电视上的，而是交际场合中的一号人物。

警察在审讯犯罪嫌疑人的时候，为了给其增加心理压力，在必要的时候，往往会让几个人同时出现，组成一个强大的"审讯团"来对犯罪分子实施询问。在"审问团"的座位安排上，并不是随意摆放椅子，而是把主位留给身份地位最高或者是审讯经验最丰富的探警。因为这样就能够让犯罪嫌疑人了解到该探警的身份，同时也能让其产生"大人物亲自审讯我"的虚荣心。虚荣心一旦得到满足，犯罪分子就会因为飘飘然而忘乎所以，更会丧失应有的警惕性。当他放松了警惕之后，探警就比较容易从他的口中套到有效的信息了。

4.给某个约谈对象留一个不足为道的位置

有时候，警察也会面对"一对多"的沟通场景，如犯罪分子的家人和他的辩护律师组成的"抗议团"。遇到这种情况时，他们绝不会自乱阵脚，也不会慌张无措，而是仔细观察，在第一时间里分析出这些人之中谁是最重要的人物，然后再非常巧妙地给那个气势汹汹、有备而来的人一个微不足道的位置。这种有意而为之的座位安排就是在告诉对方："我根本不把你放在眼里，你只是一个小人物。"如此一来，就能够在短时间之内打消他的嚣张气焰，迫使其老老实实就范。

压缩对方的独立空间，套出实情

警察在多次审讯案件的时候发现，有很多犯罪嫌疑人都具有这样一个特点：你离他越近，他就会越紧张。当你几乎贴着脸对他进行审讯的时候，他就会浑身不自在，满脸冒汗，在这种情况下，他的思维就会出现混乱，原本已经编好的谎言会破绽百出，强硬的态度也会瞬间崩溃。后来，心理学家对这一现象进行了分析，他们认为，犯罪嫌疑人之所以会产生这种现象，是因为审讯人员进入了他的"私人地带"，压缩了他的"独立空间"，给他造成了很大的心理压力，在这种无路可退的情况下，犯罪嫌疑人只能坦白交代自己的犯罪事实，根本就没有讨价还价的余地。

美国著名的人类学家爱得华·霍尔就曾经说过："空间会说话。"这是因为，每一个人都有一个难以接受他人接近的独立空间，这个空间既是身体上的，也是心理上的。如果你站在一个人的独立空间之外和他进行交谈，就能够给他带来思考的时间和余地；如果你进入了他的私人空间，就会给他带来压迫感，他就会丧失独立的意识和思考的空间，他所说出的话也只是一种条件反射，而在这种情况下所说的话都是真话。

在和别人交往的过程中，我们不赞成压缩沟通对象的私人空间，因为那是非常不礼貌的行为。但是，在和一些"对手"进行谈话的时候，就不必有这种顾虑。这是因为，近乎零距离的接触，尽最大限度地压缩对方的空间，就等于宣告了自己处于强势地位，表明自己掌握了谈话的主动权，会对交谈对象的心理起到非常大的震慑作用。如此一来，对方就会因为难以承受如此大的心理压力而不得不收起强硬的心态，转而配合你的工作，说出你想听的话或者是按照你的要求去行事。

心理学专家指出，个人空间不是固定的，也不是唯一的，而是有着很多种表现形式。经过长期的观察和思考，他们总结出了个人空间的五大地带。这五大地带分别是指：亲密地带、熟悉地带、私人地带、社交地带和公共地带。下面就来简单介绍一下这五种个人空间，来为我们在利用压缩他人空间这种方法时提供参考。

1.亲密地带（0~15厘米）

一般情况下，这个地带属于最敏感的空间。一个人只会期待自己的爱人、亲戚或者是挚友到达这么近的距离，因为他随后可能会触摸或者是拥抱他们。但如果是陌生人进入这个地带，他就会感到压抑和窒息，在这种心态之下，他也比较容易屈服于对方。

2.熟悉地带（15~45厘米）

对于一个人来说，舒服感和安全感显得非常重要。要想让舒服感和安全感得到保障，就要非常重视熟悉地带。为了让他"不舒服"，人们可以故意侵入这个地带，来"压迫"他、"征服"他。

3.私人地带（45厘米~1.2米）

在一些交际活动或者是聚会上，大多数人在和别人聊天的时候，都喜欢保持45厘米到1.2米的距离。如果距离稍微靠近一点，就会让人感觉有些别扭。如果我们想要和一些陌生人做朋友，在和他们聊天的时候，就要保持保持45厘米到1.2米的距离。但如果想让一个人服从你，就要大胆地进入他的私人地带。

4.社交地带（1.2米~3.6米）

与别人保持1.2米到3.6米的距离常用于非正式的社交当中。比如，在商店里或者是大街上，当顾客和店员们在说话的时候，我们就可以看到社交地带在发挥作用了。如果你是一名超市里的销售人员，想让顾客接受你的价格，就要大胆地闯入这个地带中去。

5.公共地带（3.6米以上）

公共地带，顾名思义，就是指一个人面对大众时的个人空间。比如，一个人面对着一大群听众演讲，他与第一排的人可能至少要间隔这么远的距离。如果一些听众越过了3.6米的分界线，就会在无形之中给演讲者带来思想上的压力和情绪上的波动。如果你对某个人的演讲不感兴趣，想要反驳他的话，就要站在3.6米之内来和他对话，这样胜利的几率就比较大。

| 第 06 章 |

掌控全局，妙用心理引导始终占尽话语上风

　　在交谈中，一个处于下风的人，只能扮演弱势的角色。
在整个谈话过程中，他将会被别人主导，受别人支配，谈话
结束后就会发现自己非但没有正确地表达自己的意愿，更好地
影响别人，反而成为了他人的附庸。为了避免出现这种情况，
我们有必要学习一下如何占尽话语上风，掌控言谈主导。

设置悬念，抓住对方的注意力

心理学家认为，当一个人听到一些不可思议的话时，会产生半信半疑的心理，一方面他们认为这是不可能的，另一方面则按捺不住好奇之心，在下意识里要求自己竖起耳朵瞪大眼睛去一探究竟。

那么，怎样故意制造悬念呢？心理学家为我们提供了以下三种方法。

1.故意提供一些有悖于生活常识的信息

如果你向一个人提供的信息都是生活中经常见到和听到的东西，就会缺乏吸引力，更难以引起对方的好奇心和注意力。缺乏吸引力的悬念称不上悬念，充其量不过是无用的陈述罢了，因此，在制造悬念的时候要多一些逆向思维，故意提供给对方一些超出了预想范围或者是生活习惯的信息。只有这样，才能够让对方觉得不可思议，进而为了一探究竟而分散注意力。一旦对方的注意力被有效分散，他就会失去原有的清晰意识和理性，甚至会忘却当初的计划。如果你制造的悬念能够达到这样的目的，那么，你就成功了，意味着正常谈话的主动权已经完全掌握在了你的手里。

2.人为地制造"珍贵信息"

心理学家认为，想要吸引对方的注意力和好奇心，就应该了解到他最需要的是什么信息，然后再对症下药。

比如，一个犯罪嫌疑人最关心的信息是警方是否已经掌握了自己的犯罪证据；与自己一起犯罪的人是否被抓、是否出卖了自己，如果被判刑，自己会被判多少年等。因为这些信息关乎着他的切身利益，而他又无法通过其他的渠道得到。在这种情况下，如果警察能够向其透露一些这方面的信息，必定能够引起他的注意力。此时，即便他明明知道这是警方故意制造的"圈套"，也会忍不住往里跳。最后，犯罪嫌疑人就会在警察的循循诱导之下，交代出自己的犯罪事实。

其实，在现实生活中也是如此，利用人为制造"珍贵信息"的方式来吸引他人注意力的例子比比皆是。比如，在课堂上，老师努力地讲解着课本知识，而学生则交头接耳，叽叽喳喳，不把心思放在听课上。如果老师大声呵斥，强调纪律或者是宣布惩罚措施，或许能够让课堂暂时静下来，但过不了多久学生们就会"旧病复发"。因此，聪明的老师很少采用这种"镇压"的方式来迫使学生安静下来，他们通常都会故意制造一些珍贵信息，告诉心不在焉的学生："下面我讲到的知识是考试时常考的内容，也是最容易失分的地方，如果考试的时候再不会，可别怨我没有告诉过你们。"话音刚落，那些叽叽喳喳的学生们就会马上住嘴，两眼紧紧地盯着老师看，调动全身的注意力，竖起耳朵认真听，唯恐听漏重要的内容。这样一来，课堂便安静了许多，老师就可以顺利地把课讲完。

3.提前通知，引起别人的注意力

犯罪心理研究专家说，一个人对某件事情的注意力不会维持太长的时间，如果超出了忍耐范围，他就会失去兴趣和耐性，更会失去好奇心，等到下次再遇到类似的情况时，他就会下意识地选择躲避。为了防止出现这种情况，就要利用提前通知的方式来引起他的注意力。因为提前通知能够给人以期待，提高人们对即将发生而内容却未知的事情的兴趣。

提前通知不仅是警察与人沟通时的专利，在现实生活中许多人也都会利用这种方式来吸引别人的注意力。比如，在招商引资时，面对那些"唯利是图"而又"老奸巨猾"的投资商们，招商人既不会和他们拉关系、套近乎，也不会唾沫乱飞讲一些肉麻的在赞美语言，而是这样说："下面我将用5分钟的时间向您介绍一下该项目的发展前景以及盈利情况，然后再用上10分钟的时间为您介绍这个项目的风险率和投资回报率。如果您觉得满意，我们再用15分钟左右的时间向您介绍投资该项目时需要注意的事项和问题。"这种提前通知的方式能够起到非常有效的效果，因为他提前告诉了投资商一些重要的信息，如此，投资商就会满怀期待地等着招商人把话讲完。

打断对方，并引导对方进入你的思路

在交际场合，我们都不希望遇到闷葫芦，更不希望遇到喜欢顾左右而言他的有心计者。后者比前者更可怕，因为他们看似非常热情，实际上却对你处处提防，他们提供的信息虽然丰富，却没有任何价值。和这样的人交流，无疑是一件非常头痛的事。因为在这个时候，你非但不能从他的口中得到有效信息，反而会遭到他的"绑架"，跟着他的思路走。

那么，怎样才能从这些人的手中夺回主导权，让其按照自己的思路去行事呢？这就需要利用打断对方谈话的方式了。有很多人对此感到不解：打断别人的谈话是非常不礼貌的行为，为什么一些人却提倡这种谈话方式呢？其实，这种方式是迫不得已而为之的选择，本质上是以其人之道还治其人之身的反击形式。

实际上，巧妙打断对方的谈话是一种高明的交流方式。因为这是对自以为很聪明的人最有力的还击，也是将话语主动权牢牢把握在自己手中的有效方式。频繁地打断对方的谈话，就会让他的情绪受挫，谈兴受阻，阴谋无法得逞；同时也从根本上保证了自己的利益，避免了上当受骗。

在刑侦工作中，警察会遇到一些比较难缠的对手，他们不但不配合警察的工作，还想玩弄警察于股掌之间。他们看似非常热情，说话滔滔不绝，实际上却是处心积虑地想欺骗警察。遇到这样的人时，警察绝不轻易上当受骗，也不会妥协投降，而是采用打断其谈话的方式来挫败他的阴谋，最终还会通过一系列的追问来让其乖乖投降。在现实生活中，如果我们碰到了这样的人，也应该和警察一样利用这种方式来重新夺回主动话语掌控权，"刺对方于马下"。

有一名大学毕业生到某一家公司参加面试。老板非常欣赏他的才华，表示愿意雇用他。但是，在谈到工资待遇的时候，老板语焉不详，不给出一个具体的数字，反而大谈特谈该公司的发展前景、能促进员工的健康成长之类的话题。这名大学生听了心里很不舒服，就准备刺激老板一下。他假装认认真真地听着，然后趁老板喝水的当口，对老板说："感谢您的信任，如果我的加入可以使公司的生意更上一层楼，哪怕我献出性命也心甘情愿。"

老板听到这句话时，心下十分得意，就高兴地大笑了起来。没想到大学生却话题一转，一本正经地说道："我是在真诚地表达自己的想法，而您却在这里嘲笑我的诚意，您是不是看不起我，认为我不能胜任这份工作？既然如此，那我还是走吧。"说完就转身离开了。

老板一看，顿时傻了眼。这么优秀的人才他可不想放走，于是他就赶紧叫住大学生，并向其承诺一定会给他一个比较满意的薪资。大学生这才答应留下来。

接着，谈话的主动权就完全掌握在了大学生的手里，老板只有唯唯诺诺、点头称是的份。最后，老板给了他一份非常高的薪水。

这名大学生可以称得上是谈判的高手。在和老板交流的时候，他没有落入老板的圈套，也没有因为识破对方的"陷阱"而勃然变色，而是采用巧妙打断其讲话的形式轻松扳回了局面，让老板陷入慌乱之中。最后，他取得了交流的胜利。

巧妙打断对方的谈话，重点是"巧妙"，而不是"打断"，这就要求我们掌握一定的原则，了解一些具体的方法。在这个问题上，心理专家给我们提供了以下几点建议。

1.学会观察时机

当一个人滔滔不绝、唾沫乱飞地大侃特侃的时候，很可能会让你感到非常泄气，认为主动权已经完全掌握在了对方的手里，你无可奈何地扮演着陪衬者的角色。如果你这样想，就再也不能扳回局面了。其实，只要细心观察，总能找到机会，如对方喝水的时候、停顿的时候，都是你打断其讲话的好时机。

2.注意态度，不要太强硬

打断对方谈话不是吵架，因此，一定要掌握好分寸，注意一下自己的态度，不能说"你讲够了没有"之类的话。如果你说出了这些话，就等于是向对方宣战，也容易导致双方不欢而散。

3.问话要问细

一个人向你吹嘘炫耀某些东西的时候也是其吹牛说谎的时候。谎言无论多么完美，都经不起细节的推敲，在这个时候，如果你故意向其询问细节性的东西，就很容易将他打翻在地，不得不把主动权转让给你。

连环发问，一步步摧毁对方心理防线

警察在审讯犯罪分子的时候，经常会采用步步紧逼发问的方法来"逼迫"对方交代犯罪事实。在他们看来，犯罪分子被抓之后，依然会存在一些侥幸心理，认为只要自己不开口警方就对他无可奈何。为了让其开口，警方就会在审讯的时候提出让其猝不及防的问题，并步步紧逼，以此来摧毁他的心理防线，让其缴械投降。

一次，调查人员破获了一起杀人事件，将犯罪分子逮捕归案。但是，由于找不到杀人工具，尽管许多辅助性的证据都将矛头指向了这名犯罪嫌疑人，但从程序上来说，案子不能成立，审讯由此进入僵持阶段。狡猾的犯罪嫌疑人百般抵赖，坚称自己是被冤枉的。

最后，调查人员决定采用连续发问的形式来对犯罪嫌疑人进行审讯。两名探警来到审讯室，一名探警负责不停地发问，另一名探警则注意观察犯罪嫌疑人的表情变化。

"死者和你是什么关系？"

"你为什么要杀死他？"

"你使用的工具是铁棒吗？"

"你是用刀叉把他杀死的吗？"

"你使用的工具是剪刀吗？"

"你使用的工具是扳手吗？"

"你使用的是手枪对不对？"

犯罪嫌疑人表现得桀骜不驯，对探警嗤之以鼻。不过，探警并没有泄气，而是继续追问，提问的问题一次比一次尖锐，声音一次比一次大，最后，犯罪分子招架不住，乖乖地交代了用扳手杀人的犯罪事实。

警察在实际审讯的过程中，经常会到这样的情况：调查人员在向一个犯罪嫌疑人提出问题时，犯罪嫌疑人要么是嘴巴紧闭，一脸不屑，要么是顾左右而言他。在这个时候，作为提问者的一方，如果情绪失控，就会进入犯罪嫌疑人精心设计的"圈套"之中。在这种情况下，人们需要做的不是急躁与愤怒，而是要让自己镇定下来，调整情绪，以连珠炮般的问话去击垮对方的心理防线，夺回话语主导权，以获得最终的成功。

心理学家告诉我们，在现实生活中，有一些人非常固执，不愿意倾听别人苦口婆心的劝说、推心置腹的交流。在他们看来，别人的规劝就是恳求，道理就是"诱惑"。因此，他们会百般抵制，拒不听从。碰到这种情况时，如果采用常规交流方法，就会让自己处于下风，成为沟通交流中的弱势者。要想取得良好的效果，就应该改变战略，用步步紧逼、不断发问的形式来发起猛烈的攻击，以强大的火力粉碎对方的幻想，击垮他的心理防线，赢得最终的胜利。

当然，步步紧逼发问的沟通方式并不是只要我们有一个良好的意愿就可以了，它还需要我们掌握一定的方法，注意一些必要的事项。那么，究竟该如何做呢？以下是几点建议：

1.保持自信的心态

在很多时候，我们会面对一些内心强大、态度蛮横的沟通对象，他们的身上存在非常强大的气场，如果你没有强大的心理素质和自信的心态，很可能会对其产生一种恐惧，也会在不知不觉之中被对方所控制。一旦被对方控制了，那么，无论你的道理多么正确，准备得多么充分，都无法派上用场。由此可见，一个自信的心态十分重要。

2.问话要抓住重点

步步紧逼地发问并不是说问的问题越多越好。如果你提问的问题与谈论的话题无关，尽是一些不痛不痒的话，那么，也难以产生良好的效果。故而，在步步紧逼提问之前，你应该了解什么是重点，哪些问话可以有效地击垮对方的心理防线，如果不能，最好别说，免得浪费口舌，也让对方小瞧了你。

3.问话时不要进行人身攻击

步步紧逼的提问有助于增强自己的气势，但也很有可能出现另一种情况：激怒对方。一旦对方被激怒，非但其心理防线不会垮掉，其斗志反而得到加强，如此一来，就很有可能引起一场战争。那么，怎样做才能既不激怒对方又能有效地击垮他的心理防线呢？其实，非常简单，只须牢记不对对方进行人身攻击就可以了。毕竟，一个人的恼羞成怒多是在人格受到了攻击、自尊受到了伤害之后才发生的反应。如果你的逼问只是就事论事，那么，他只能屈服，而非愤怒。

不露深浅，让对方摸不着头脑

在生活中，很多人都比较喜欢和一些心无城府的人打交道，因为这样的人比较坦率，从来不会藏着掖着，在待人接物上也显得比较诚恳和热情。不过，沟通大师告诉我们，一个心无城府的人会因为过于单纯而不了解社会的险恶和人心的叵测，喜欢轻信，这就给一些别有用心的人制造了可乘之机，会给自己带来一些麻烦和损失。因此，对于我们来说，要想避免上当受骗，最好还是要在一些事情上有些城府，做到不露深浅。

心理学家告诉我们，如果有人向你滔滔不绝地灌输信息，你对他的话感到怀疑而又抓不到证据，此时，不妨先不要表态，而是采用沉默、漠然、反问等方式来应对一下，给对方造成一定的神秘感，如此，他就不敢再骗你了。这样一来，主动权也就转移到了你的手里。

深谙心理技巧的人经常使用这种方法来与不肯合作的人进行沟通。

罗伯特是一名主管，一次他向下属交代一项非常艰巨的任务。在交代完毕之后，下属们纷纷开始抱怨。有人说："我们部门人手有限，完成这么大的工作量简直就是痴人说梦。"有人说："我们经验不足，这么大的工作量简直就是强人所难。"还有人说："人手不足、经验欠缺倒不是什么大问题，只是时间太仓促了，能不能宽限些时日？"

看着叫苦连天的下属，罗伯特没有任何表示，只是坐在那里静静地看着他们。下属们见他不说话，先是觉得没趣，后来又觉得他知道了自己的心思，只好装作经过一番内心斗争的样子叹了一口气，说道："好吧，既然任务制定下来了，我们就一定要努力完成它。"说完之后，他们就退出了办公室。等到下属们关上房门之后，罗伯特的脸上露出了一丝不易觉察的笑容。

罗伯特当然知道这项任务有困难，不过他也知道，只要下属们尽心尽力地去做了，就一定能够完成。因此，在下属们抱怨的时候，他一言不发，这样一来，下属们只好收起那些问题，把精力投入到工作中去了。

心理学认为，越是不露深浅的人就越显得神秘，也就越能够体现出他的威严和城府，从而起到震慑他人的良好效果。因此，把自己的真实情感隐藏起来，不让别人窥视自己的底细和实力，可以给人造成一种恐惧感。

在某个商场中，顾客经过一件件地比较，看上了一件款式新颖的衣服，她拿起衣服看了又看，满脸欢喜。精明的导购小姐看到之后，就主动上前搭话："小姐，您的眼光真是不错，这件衣服简直就是为您定做的。如果您穿着这件衣服上街，绝对是路上的一大风景。"

顾客只是笑笑，并没有说话。

导购小姐接着就说："这件衣服的标价是350元，你要是想要，300块钱拿去吧。"

顾客听了之后，依然是没有说话，嘴角还露出了一丝嘲讽的笑意来。导购小姐看了，有些丧气，就问道："依您看，多少价位才算合适呢？"

顾客并没有从正面回答，而是冷冰冰地说了一句："你在这里卖衣服真有点屈才了，依我看，你还不如去抢劫呢！"

导购小姐一下子泄气了，但是她仍然不肯说出实际价格，而是强打精神，继续说道："这么着吧，看您这么识货，260元拿走。"

顾客感觉这个价格还是有点高，就继续摆出一副不屑的表情。导购小姐看了，觉得很奇怪，就想：她不离开就说明她喜欢这件衣服，她不说话难道是知道了这件衣服的真实价格却不愿意说出来，只想捉弄一下自己？接着又想：算了，还是别耽误时间了，把真实价格告诉她吧，虽然少赚点，但总比不赚钱强。于是，这个导购小姐就带着恳求的语气对顾客说："我是真服了你了。好了，我也不兜圈子了，这件衣服的售价是180元。你要是喜欢呢，就拿去；如果还是觉得价格有点高，我就真的无能为力了。"

顾客见目的达到了，这才掏钱把衣服买走。

这个顾客可能不太精通讨价还价，但是她能够做到扬长避短，不露深浅。无论导购小姐怎么说，她都不作出正面反应，要么是冷冰冰的，要么就是满脸讥讽。导购小姐看到她这一副高深莫测的面孔，心里发虚，为了能够把衣服卖出去，只好主动告知真实的价格。

在别人占据语言上风、主导整个谈话，而谈话对你又不利的时候，你没有必要惊慌失措，也没有必要任人摆布，更没有必要大动肝火，而是应该保持一种喜怒不形于色的态度。这样一来，对方就无法从你的表情和情绪中掌握信息，更没有办法去主导下一步的谈话，接着，他就会因为心虚而产生恐惧的心理，从而在强大的心理压力之下不得不选择"甘拜下风"。

分散对方注意力，始终把控谈话方向

一位经常与犯罪分子打交道的警探说："每次和犯罪分子进行较量的时候，最好的办法就是分散他们的注意力。如果他们的注意力太集中，就会抵抗很长时间，也会调动所有的激情来和你进行争辩，这种情况对审讯人员非常不利，很可能会导致审讯的失败。而分散了他们的注意力，就能够在最短的时间之内从其口中得到更多真实的信息。"

毫不夸张地说，生活就是一个没有硝烟的战场，我们每天都要和形形色色的"对手"进行较量。要想在较量之中胜出，我们就应该做到这位警探所说的那样，分散对手的注意力，扰乱他们的心神，有效地瓦解对方的心理防线。

当然，分散对手的注意力只是一个大致的方向和良好的愿望，实现这一愿望并不是一件容易的事，还需要掌握一定的方法。下面，我们就来学习分散对手注意力的方法。

1.旁敲侧击，对正题不要有太多的涉及

想要分散对手的注意力，就应该掌握对手的心理。当你和他人谈判的时候，谈判对手会调动所有的神经，把注意力集中到谈判内容上。在这种情况下，你和他过多地谈论与正题有关的内容，很难占据主动地位，甚至还会处于下风。深谙心理学的警务人员深知这一点，因此，他们在和犯罪分子或者是知情人谈判的时候，很少谈论一些和案件相关的内容，而是多讲一些与案件不相干的话题，通过旁敲侧击的方式来转移对方的注意力，同时也从那些表面上与案件不相干的内容中了解到自己需要的信息。

这种方式比强迫审讯要有作用得多。毕竟，直接询问具体的事情会激起对方的反感和自我保护意识。使用旁敲侧击的方式，虽然耗时长一些，却能起到非常好的效果。这种方式也完全可以应用到实际生活中来。比如，医生在向患者询问病情的时候，为了得到最准确的信息，往往会采用旁敲侧击的方式去打听。

2.从对方的兴趣入手，逐渐转移对方的注意力

美国联邦调查局的一名高级警官说："犯罪嫌疑人的戒备心理一般都比较强，在接受审讯时，他们往往会选择沉默的态度。不过，他们都有自己感兴趣的事物，那些感兴趣的事物既是他们犯罪的来源，也是让他们开口的最佳突破点。"由此可见，对某项东西感兴趣不仅是一个人行动的动力，同时

也是分散其注意力的最佳入口。

兴趣是一个人的第二生命。一个人一旦对某项事情有了兴趣，就会投入极大的热情。同时，如果有人愿意和他谈论和兴趣有关的话题，他就会有一种找到知音的感觉，在高兴之余，其心态也会自然放松，说的话也会比平常的时候多一些。

在办公室里，如果我们和一个戒备心理比较强的人谈判，要想分散他的注意力，就可以考虑一下对方的兴趣。从对方的兴趣入手，可以有效地降低他的戒备心，拉近彼此间的距离，同时也能麻痹他的意识。只要你顺着对方的兴趣谈下去，然后再向正题慢慢渗透，最后一定能够有效地控制对方，从而实现自己的目标。

3.故意提出反对意见，混淆视听，有效分散对方的注意力

尽管谦虚是一种美德，但从心理上来讲，很少人愿意听到反对意见。无论别人的反对意见多么正确，都会引起其心理上的一些不愉快，如果对方是一个心胸狭隘者，听到反对意见之后还有可能出现愤怒的情绪。我们了解了这一点，也就明白为什么可以用提出反对意见的方式来分散别人注意力了。

当你向你的对手提出反对意见的时候，他的注意力就会转移到那些反对的意见上。为了证明自己的正确性，他会采取种种激烈的方式来进行反击。如此一来，他就会方寸大乱，你的目的也就达到了。

在工作和生活中，很多人都有这样的经历：当自己做了一件自我感觉不错的事或者是提出了一个非常不错的方案之后，原希望能够得到别人的欣赏和赞扬，不成想却被别人批得一文不值，这时，我们就会意志消沉，情绪低落，同时对提出反对意见的人充满愤怒。此时的我们，注意力已经完全不在自己所做的事上了，而是转移到了对别人的怨恨之中。因此，我们在谈判中要想有效分散别人的注意力话，可以有意识地去激怒他，故意提一些反对的意见。

第 07 章

处变不惊，遭遇冷场尴尬如何灵活处理

在与人沟通的过程中，难免会出现语言失误、意见冲突所导致的尴尬现象。无论是什么原因，只要出现了尴尬场面，就容易导致不愉快甚至是沟通的中断。故而，突破僵局和化解尴尬就成为了人们需要掌握的一门艺术。

幽默是化解僵局的一剂良药

在日常生活当中，我们和别人难免会因为对某些事情的看法不统一而产生分歧和矛盾。一旦产生了分歧和矛盾，就等于是将双方带入了僵局。在僵持的气氛中，如果你寸步不让，"据理力争"、不依不饶，就会让矛盾扩大，还有可能让双方反目成仇。要想迅速摆脱僵局，就应该采用比较委婉而又有效的方法。而这个委婉而又有效的方法则是幽默。

心理学沟通大师告诉我们，尴尬的局面并不是别人有意而为之，很有可能是无意时犯的错。遇到这种情况时，我们需要做的是通过恰当的交流方式来让双方摆脱尴尬，而不是用激烈的方式激化矛盾。而这个恰当的方式就是幽默。

一辆行进中的公交车由于司机的紧急刹车，让全车的乘客猝不及防，车厢里一位男子撞到了一位女孩身上。

这位女孩看起来非常生气，便冲着那个撞她的男人骂了一句："德性！"

可是那位男子并没有生气，而是立即对着这女孩子解释道："对不起，这和'德性'无关，这只是'惯性'。"

顿时，这位男子的一句话引起了全车人的笑声。"德性"是骂人缺德，这位小伙子当然知道，但是，在这种场合，一本正经地对小姑娘解释，或是回敬她一句更不好听的话，很可能就会引起两个人的争吵。而这样一句"惯性"既是对自己没有站稳的科学解释，又是对姑娘骂人的话最好纠正和回敬。车上的乘客纷纷对这名男子竖起了大拇指。

果然，姑娘听后不再生气，反而用微笑对这名男子报以歉意。

潜在的"风波"被男子幽默的语言给化解掉了。

幽默是一种动人的智慧，是一种穿透力，能用一两句话就把畸形的、讳莫如深的东西说出来。它包含着无可奈何，更包含着健康的希冀。幽默是人际交往中的一种润滑剂，是化解尴尬的"清道夫"。它往往通过大家同笑的方式来弥补人与人之间的思想鸿沟，架起感情沟通的桥梁，增加人与人之间的信任。

在人与人之间发生矛盾的时候，应该多用幽默的"润滑剂"，而不能把事情搞得越来越僵。幽默的人往往能以几句轻松俏皮的话语产生神奇的效果，让严肃的气氛变得轻松、活泼起来，不仅让自己摆脱了窘迫的处境，同时传递出一份宽厚和善意，让那些对你有偏见的人迅速改变他们的看法。幽默说出的是语言，而表达的却是一个人的机智和心胸。

有一次，一位作家到一个大学里去作演讲。在演讲的过程中，有一个女生直言不讳地问他说："你在演讲的时候一再强调文学要反映真实的社会生活，你的作品里所描写的都是真善美的一面，但是实际的生活总是充满了丑陋与凶恶，这一点在你的作品中却没有丝毫的表现。我想问一下，你大唱赞歌却不敢揭露社会现实是因为什么？你这样做，算不算是一个合格的文艺工作者？"这个女生提问十分大胆，没有给这位作家一点儿的面子，有一种不把他逼上绝路誓不罢休的气势。作家想了一下，就问那个女生说："你喜欢拍照吗？"那位女生点了点头。作家就又问道："你的脸上有漂亮的时候，也有长痘痘的时候，那么你会在长痘痘的时候去拍照片吗？"他这样一问，周围的人都情不自禁地笑了，那位女生也不好再责难他。

面对善意的责难，我们应该保持一个平静的心态，万万不可表现出愤怒来。怒火中烧，烧坏的只是自己的大脑，很可能会让自己下不了台。在这个时候，最好的办法还是运用幽默的回答或者反问去应对这些尴尬的问题，既给自己一个台阶，也可以缓解一下紧张的情绪，同时免得殃及不相干的人。

不过，幽默不等于滑稽，也不等于尖刻地挖苦别人。在运用幽默让自己摆脱尴尬的时候，需要注意以下两个问题。

1.幽默要表达的是善意

友善的幽默表达的是人与人之间的真诚友爱，它能拉近人与人之间的距离，填平彼此之间的鸿沟，是和他人建立良好关系的不可缺少的举措。当一个人与他人关系紧张时，即使在一触即发的时候，幽默也可以使彼此摆脱不愉快的窘境，消除彼此之间的矛盾。

2.幽默要分清场合

幽默是交际场合的重要手段，但并不代表任何场面都适合运用幽默的方式。在比较严肃的场合，最好不要用这种方式。比如，在追悼会上，每个人的心情都是十分沉重的，说些玩笑话，运用"幽默"的话，最终很可能令局面发展到不可收拾的地步。

转换话题，从尴尬的谈话情境中解放出来

在和别人交谈的时候，谁都希望有一个融洽和谐欢快的交际氛围，不愿意碰到尴尬的局面。然而，实际情况往往不是我们理想中的那样，在很多时候，常常会因为一些人的语出惊人和奇谈怪论而令整个交际场合陷入比较尴尬的境地。

当尴尬发生时，原本热闹的交谈气氛就会戛然而止，参与交谈的人就会面面相觑。遇到这种情况时，我们千万不能着急，也不能束手无策，任由事

态发展，而要充分发挥自己的聪明才智，动脑筋想办法扭转尴尬的气氛。那么，究竟用什么办法好呢？此时，我们可以巧妙地扭转一下话题，转换一下众人的注意力，轻松化解难堪的局面。

在一次同学聚会上，久别重逢的人们十分高兴，亲热地聊起了天。或许是酒喝多了的缘故，一个男士对着一名女士开玩笑地说："当初你追求我的时候，我拒绝了你，现在你是不是还对我念念不忘呀？"这本来是一句玩笑话，虽然有些过火，但在同学聚会的欢快气氛之中也是无伤大雅的。但是，这位女性可能是心情不好，听到之后竟然勃然变色，指着那个男士大骂："你神经病啊！你也不撒泡尿看看你那副德行，哪个人会瞎了眼追求你这种长相谦虚心理醒醒的人？"她的声音很大，压过了别人的谈话，热闹亲切的场景顿时冷了下来，大家都感到异常尴尬。这时候，另外一个女士站了起来，笑着说道："多年不见，我们的公主还是脾气没变呀，她喜欢谁，就说谁是神经病，说得越是刺耳，就说明喜欢得越厉害，我说得没错吧？"这番话说完，大家很自然地想起了美丽的大学生活，不由得七嘴八舌地相互开起玩笑来，刚才的不快就像没有发生一样，一场风波就在短短的几句话中得以平息。

无论在什么场合下，谁也不愿意遭遇窘迫与难堪。但是，在实际的交谈场景中，由于事先没有作好充足的准备，一些意外还是发生了。在这个时候，追究谁对谁错是最愚蠢的选择，唯一能做的是想方设法扭转话题、改变尴尬的场面。

转换话题是一个行之有效、屡试不爽的好办法，不过，在使用这种方法的时候，我们需要注意一下，要在不动声色之际转移话题，这样既不显得太突兀，又能够巧妙地将他人的注意力转移到其他的事情上去。

课堂上，一位实习的老师正在黑板上板书，刚刚写完几个字之后，突然有学生大叫了起来："实习老师写的字比我们李老师写的字好看多了！"

此言一出，语惊四座。有口无心的学生不会想到，坐在后排听课的李老师是多么尴尬，心里是多么不舒服。而这位实习老师，刚刚走出校门，就碰到了这样让人尴尬的场面，着实让人头痛，如果处理不好，很可能影响和李老师之间的关系，让两个人在实习期里因为心里的疙瘩而不好打交道。这个时候如果用谦虚的话来贬低自己，并不能很好地解决问题。这位实习的老师在情急之下灵机一动，装作什么也没有听见，继续板书，头也不回地说："是谁不安安静静地看课文，在下边大声喧哗？"

此言一出，让后座的李老师长吁一口气，感觉自己的面子得以保全，顿时轻松多了，尴尬的局面也随之得以消除。

这位实习老师可谓是转换话题的高手。在尴尬的场合下，他能够避实就虚，躲开学生的夸奖，而是很自然地告诫学生不要在课上大声喧哗。从明处看，他是在训斥学生，从实际上看，却是在告诉坐在后排的李老师"我根本不知道学生说了些什么"，同时又制止了学生继续称赞的兴趣，从而避免了再次造成尴尬的局面。

遇到尴尬并不可怕，可怕的是你不知道怎样化解它。在尴尬发生的时候，如果你把所有的精力都集中到尴尬话题的本身的话，只能让这种难堪的效果持续发酵，带来更大的窘迫。为了避免发生这样的情况，我们要学会巧妙地转换话题，化尴尬于无形之中。

巧打圆场，让他人感谢你的善解人意

心理学大师告诉我们，当我们遇到尴尬的时候，需要通过一定的技巧来让别人脱身。如果别人也遇到了类似的情况，也有责任和义务去给对方提供"台阶"，巧打圆场，让其摆脱困境。事实上，同一个场合下，别人的尴尬也就是自己的尴尬，如果袖手旁观，不但会让别人的难堪继续加剧，还会给自己带来种种不便。因此，无论从哪个角度上来说，我们都有义务帮助别人摆脱困境。

有一个人过生日，请亲戚朋友在饭店里吃饭。他特意穿上了以前去中国旅游时买的一件乳白色的蚕丝衬衫，自我感觉非常好。酒席宴前，他神采奕奕地向大家敬酒。结果一个朋友突然冒出了一句："哥们儿，这衬衫可过时了啊！什么年代的东西了？看，上面是什么啊，疙疙瘩瘩的！"主人听了脸色很是不好看，半天都说不出一句话。这时候，一位先生站了出来，对那个大煞风景的朋友说："我的朋友，你这就是外行了。这是蚕丝衬衫，价格贵着呢。而且这种衬衫不会有褶皱，不管多少年，照样跟新的一样。"饭桌上的其他人也立即应和着，纷纷称赞主人的衬衫珍贵而漂亮。主人紧皱的眉头也舒展开了。

每个人都爱听好话，在当事人感到非常懊恼或者是不快的时候，你可以适时地站起来，多说几句好话来维护一下他的自尊心，化解他遇到的尴尬。当然，要想成功地打圆场，不能依靠一个固定不变的公式去行事，而是要根据实际情况，区别对待，或制造轻松气氛，或肯定双方看法的合理性，或找到双方都能接受的解决方法等，以消除别人心头的不快。

在巧打圆场这个问题上，以下是几点建议，我们可以根据实际情况来灵活运用。

1. 找个借口，给对方台阶下

有些人之所以在交际活动中陷入窘境，常常是因为他们在特定的场合做得不合时宜或不合情理，于是进一步造成整个局面的尴尬和难堪。在这种情形下，最行之有效的打圆场的方法，莫过于换一个角度或找一个借口，以合情合理的解释来证明对方有悖常理的举动在此情此景中是正当的、无可厚非的和合理的，这样一来，对方的尴尬解除了，正常的人际关系也得以继续维持下去。

2．善意曲解，化干戈为玉帛

在交际活动中，交际的双方或第三者由于彼此言语之间产生误会，常常会说出一些让别人感到惊讶的话语，做出一些怪异的行为举止，导致尴尬和难堪场面的出现。为了缓解这种局面，我们可以采用故意"误会"的办法，装作不明白或故意不理睬他们言语行为的真实含义，而从善意的角度来作出有利于化解尴尬局面的解释，即对该事件加以善意的曲解，将局面朝有利缓解的方向引导转化。

3．善用假设，巧避锋芒

有些情况下，别人的难堪是由自己的坚持所造成的。在这个时候，如果你不想放弃自己的意见，也不愿意让对方下不来台，可以利用假设句帮助对方化解尴尬。

比如，你在和师长、上级辩论，你认定自己的观点绝对正确，不能让步，可是出于礼貌或无奈不能坚持，在这两难境地，假设句可说是很好的解围方式。一个学生和班主任争论男生能不能到女生宿舍串门，老师一口咬定绝对不能。学生很长时间不能说服老师，又见老师似有怒意，为了结束争论，给老师一个台阶下，他巧妙地说："如果老师说得正确，那我肯定错了。"这本是一句废话，并没有肯定老师的观点，然而这位老师听了却不再争执。

由于附加了假设的条件，使表达变得婉转，所以问话人、说话者和涉及对象都能接受。

4．审时度势，让各方都满意

有时在某种场合中，当交际双方因彼此不满意对方的看法而争执不休时，很难说谁对谁错，这时，调解者应该理解争执双方此时的心理和情绪，不要厚此薄彼，而要对双方的优势和价值都予以肯定，在这个基础上，再拿出双方都能接受的建设性意见，更容易为双方所接受。

说点软话，消除对方的不愉快

在谈话的过程当中，由于说话者的心情激动、情绪失控等，说出一些不该说的话而造成尴尬也是在所难免的。遇到这种情况之后，我们不能任由尴尬事态发展，而要学会用说"软话"的形式来消除对方的不愉快，最终让沟通重新走上正常的渠道。

有很多人认为，说"软话"是服软的行为，是对个人尊严的侮辱与践踏。这样想就错了。心理学大师告诉我们，在沟通中必然会存在语言和心理上的较量，但是较量并不等于战争，沟通也不是吵架，而是为了更好地协商与合作。如果在遇到尴尬情况的时候你不懂得让步，不愿意"服软"，就会将沟通变成战争，把对手变成敌人，最后非但不能达成意见上的一致，反而会闹个不欢而散。因此，在这个时候说一些"软话"是很有必要的。

说"软话"也需要一定的技巧和方法。以下是几点建议，我们可以来参考一下：

1.注意对方的年龄

（1）对年长的人：向他们说软话的时候，要把自己的姿态放低一些，表现得谦恭一些。或许，造成尴尬的原因在他而不在你，但你也不能说"我不会生您的气"之类的话，因为这样非但不能消除矛盾，反而会让矛盾进一步激化。在这些年长者面前，你可以说一些"您老德高望重，大人不记小人过""我太年轻，少不更事，您老别和我一般见识"之类的话来安慰他，劝说他。

（2）对于年龄相仿的人：对待年龄相仿的人，你的姿态不能放得太低，因为那样会给人造成一种"矫情"的感觉；"软话"也不能说得太过，否则，对方就会认为你是一个没有底线、没有原则而又窝囊的人。在向他们说"软话"的时候，你的态度可以表现得随便一些，也可以开一些无伤大雅的玩笑来缓冲一下气氛。

（3）对于年纪比你小的人：年龄比你小的人无论是工作经验还是社会经验都无法和你相比，这是你的优势，也是他们最敏感的地方。向他们说"软话"的时候你不能在这方面大做文章，说什么"年轻人犯错误是正常的"之类的话。这些话在你看来是服软，在对方看来却是挑衅和教训。

2.要注意对方的语言习惯

在经济全球化的时代里，我们会遇到来自不同国家和地区的人，和他们在一起沟通的时候要注意对方的语言习惯。

3.要注意对方的性格特征

在说"软话"的时候还应该考虑一下对方的性格特征。比如，如果对方是一个遇事非常敏感的人，你在说"软话"的时候就不能开玩笑、绕弯子，以免让他想得太多；如果对方是一个直性子，喜欢直来直去，你就可以以轻松的语调开一些玩笑；如果对方是一个非常强势的人，你就要不卑不亢地告诉他你是偶尔失误才说错话的，如果你表现得太软弱，他就会觉得你是个不硬气的家伙，如果你表现得有些强硬，对方就觉得你拒不认错、意图反抗。

4.要注意对方的心境

当尴尬出现的时候，每个人的心里都会不痛快，但如果细细区分一下，你就会发现不同人的心境也是各不相同的。比如，有的人在遇到尴尬之后可能会悻悻然；有的人则会勃然变色，准备起身走人；有的人则会直言责问你"你怎么能说出这样的话来"。面对不同人的不同心境和不同反应，你在说"软话"的时候要做到具体问题具体分析，选择正确的说话方式和语言。比如，面对悻悻然的人，你可以表情轻松地对他说"实在不好意思，刚才说错话了"；对准备起身走人的人要适当地把身段放低，对他说"对不起，我没想到刚才说的话深深伤害了你"；面对指责自己的人说"实在抱歉，我原本只是想开个玩笑的，没想到您并不喜欢"等。毕竟，"软话"也需要看人说，如果在语言的选择上犯了张冠李戴的错误，最后很可能会引来南辕北辙的结果。

被拒绝后如何应对

不少沟通高手也会遇到被拒绝的时候，遭到他人的拒绝，就等于是自尊心受到伤害，让自己陷入尴尬的境地。遇到尴尬之后，他们的心情也会不痛快，不过，他们并没有因为自尊心受到了打击就向对方发起猛烈的攻击，而是采取正确的方法来让自己摆脱尴尬。

遭到别人拒绝之后，沟通大师们是用什么方法来来应对的呢？下面我们一起来看一下：

1.可以脸红，但绝不能心慌

当尴尬突然出现的时候，瞬间脸红属于正常的反应，也是在所难免的事情。不过，要尽量缩短脸红的时间，毕竟，长时间的脸红就是心慌的表现。一旦心慌意乱，就会把自己置于非常不利的地位，到了那个时候，人就会头昏脑胀，面红耳赤，神情恍惚，不知所以，延长以至尴尬的时间，让自己在别人眼中的形象大打折扣。

2.不轻易辩解

有很多尴尬都是因为自己表达有误或者是对方听错了自己的意思而产生的。在这个时候，很多人的第一反应就是马上去辩解。但是这种方法并不能消除尴尬，反而会越描越黑，让尴尬从广度上向外扩展，从深度上向下延伸，从时间上向后延长，给自己和沟通方都造成更大的伤害和不快。

3.装作不清楚意思

在尴尬出现的时候，人们不妨适当地"装傻"，让自己摆脱尴尬。因为"傻瓜"是不会了解别人话语意思的，对他人指桑骂槐的话也不敏感，更不在乎。如果我们把自己当成"傻子"，反而能让自己躲过难堪。除此之外，还可以将球轻轻地踢还给对方，让本想置你于尴尬地步的他人变得难堪，有苦说不出来。

4.迅速离开现场

在遇到尴尬的时候，不妨选择离开现场。毕竟，每个人的精力和能力都是有限的，当意外的尴尬发生又不能通过正确方法消除的时候，人们只能选择离开。当然，最好的离开方式是在出现尴尬苗头的时候迅速离开，这样既能避免了尴尬的发生，也可以让自己全身而退。

5.将计就计，化不利为有利

尴尬固然会对承受方造成不利的影响，但这个不利不是绝对的，也不是针对自己的，只要能够找到关键点，进行绝地反击，就可化不利为有利。

6.转移尴尬

在医学上，有一种移痛治疗法，当一种难以征服的痛苦被另一种较易征服的痛苦替代时，前一种痛苦往往会在后一种痛苦的作用下逐步失去原来的痛感，这种方法也可以运用到化解尴尬上来，以此来对自己进行心理调节，如根据情况的不同而开一个相应的玩笑来转移自己和他人的注意力等。不过我们在使用这种方法的时候必须要保证这一点：你所转移的尴尬应该是善意的制造玩笑的契机。

7.故作心理脆弱

人们都有一颗同情弱者的心，当尴尬出现的时候，如果你表现得柔弱一些，做一些痛苦万分、懊恼不已或者是抑郁的表情，能够让对方了解到你是一个心理非常脆弱的人，让他知道自己已经深深地伤害了你的自尊心。当人们看到你的"惨状"之后，肯定不会对你穷追猛打，也不会再去嘲笑和捉弄你。如此一来，尴尬就会不了了之，消失于无形。

第 08 章

有效沟通，掌握心理学中的言谈规则

语言表达没有固定的形式，但言谈有一定的规则。要想让自己的沟通变得更专业一些，效果更好一些，就要熟练掌握3M法则、善于运用沟通的信息不对称法则、合理利用相依理论、熟练掌握避重就轻原则以及给人以积极期待原则和众人做证的原则。

掌握 3M 法则，让你的表达更有效

在交际场合，很多人都希望将自己的意见准确无误地表达给对方，不愿意出现任何不清晰的语言。这是因为，不清晰的语言不具备传情达意的功能，也无法实现和沟通对象完美交流的目的，反而会成为一种累赘和阻碍。但是，由于一些主观和客观原因的制约，很多人在说话的时候常常出现一些吐字不清、声音不大、语意含糊的现象。他们对此苦恼不堪，因而不愿意再和别人进行沟通交流。

沟通大师告诉我们，要想改变这些现状，让自己所说的每一段话都非常清晰，并不是一件难事，只需要掌握3M法则就可以了。

什么是3M法则呢？这是由美国的语言病理学家劳加·格拉夫博士提出来的一种法则。"3M"取自More、Mouth、Movement这3个单词的首字母，这三个单词表达的中文意思分别是"更多，嘴巴，动作"，即"说话时尽量增大嘴巴的活动幅度"，坚持这样做，就能够保证让自己说的每一段话都非常清晰。

现代心理学家认为，如果说话是本能，那么把话说清楚就是技能了。他们从一些相关学者那里了解到，每个人每天用于说话的时间平均是两小时。如果将这些话全部以文字的形式表达出来，那么每个人的一生等于写出了1000部书，并且每部著作不会少于600页。但是，在这1000多部"书"中，至少有900多部是残次品，而这900多部残次品形成的原因就是说话不清。为了

避免出现更多的残次品，我们需要用"3M"来要求自己和锻炼自己。

联邦调查局内部，凡是刚刚入职的新员工，除了接受必要的专业技能训练外，还要对说话时的发音和表情进行培训。在开展这项培训的时候，教官们会要求学员尽量增大张嘴和闭嘴的幅度。对于平时不大习惯张大嘴巴的学员们来说，这简直就是一件折磨人的训练。但是，坚持十几天之后，他们就会慢慢适应，同时养成张大嘴巴说话的习惯。

除此之外，教官们每天都培训学员们发"a"音，因为"a"是最能训练嘴巴的音节。这项培训有着非常严格的要求：嘴巴张开时必须要留出两根手指的宽度，如果低于这个宽度，则不及格；高于这个宽度也不行，因为那样会很不雅观。在刚开始进行培训的时候，有些敏感的学员因为牙齿不齐、牙色发黄等原因不好意思开口，但是在教官的一再要求下，都不得不收起了羞涩之心。经过十几天的训练之后，他们说话的清晰度就有了明显的进步。

"张嘴巴"的训练，不仅可以加大张嘴巴的幅度，增加语言的清晰度，还能够充分调动脸部的每一块肌肉，让学员们的表情变得丰富起来。如此一来，就形成了语音清晰和语言丰富的完美结合，这就大大增加了他们与人交流时的魅力，也帮助其建立了一个强大的气场。那些和他们交流聊天的人，都会被他们身上散发出的气势所吸引，愿意和他们交往，乐意将自己的想法告诉他们。

在现实生活中，很多人并不赞同3M法则。他们认为，嘴巴张得太大、声音太大有损自己的形象，也是非常不礼貌的行为。这种想法固然有一定的道理，却有失片面，也是对3M法则的误解。3M法则提倡增大嘴巴的活动幅度，并不是要求把嘴巴张到最大幅度、将声音调到最高分贝，而是对嘴巴幅度和声音分贝的适度提高。因此，我们不必有这方面的担心。

在日常交际中，如果你不喜欢张嘴，说话的声音非常小，说话清晰度非常低，那么可以用3M法则来锻炼自己、提升自己。只要坚持锻炼一段时间，你的表达能力就会大幅度提高，你的交际困境也会得到极大的改善。

善用沟通中的"信息不对称性"

信息的不对称性，在经济学中是指市场交易之中产品的买方和卖方对产品的质量、性能等所拥有的信息是不对称的。产品的卖方会对自己所生产或提供的产品拥有更多的信息，而产品的买方对所购买的产品拥有的信息则相对较少。商业活动中的信息不对称性会造成市场的失灵，即在同一价格标准上，低质量产品排挤高质量产品，减少高质量产品的消费，甚至将高质量产品排挤出市场。

在经济生活中，我们要尽量避免出现信息不对称的情况；在与别人沟通的时候，则完全可以利用这种不对称性来为自己服务。

怎样有效利用信息的不对称性呢？心理专家认为，这就需要沟通的主动方把自己当成"卖方"，掌握大量的信息，进而引起对方的关注和注意，从而更好地控制他、利用他，牵着他的鼻子走，最终达到自己想要的结果。

究竟如何利用沟通中的信息不对称性呢？为此，我们需要注意以下两点。

1.影响对方的想法，不失时机地予以许诺

每个人的想法和需求以及价值观都是不同的，但是，这些东西未必就是独立存在的，往往会受到其他因素的制约。曾有心理学大师说过："每个人作出的选择，实际上并不是百分之百都代表自己的思想，在这个过程中，每一个人都会受到其他因素的干扰。"也就是说，每一个人的决定，都或多或少地受到了他人的影响。因此，在和别人沟通的时候，我们要充分发挥自己拥有的信息量的优势，想尽办法来影响对方，然后再不失时机地予以许诺，最终让他按照你的想法去行事。

特工乔尔斯在抓捕内奸布朗德的时候就曾经使用过这种方法。当时，布朗德并不知道自己的底细已被联邦调查局掌握，为自己能够成功隐蔽而沾沾自喜。乔尔斯在准备抓捕他的时候，他正在悠闲地度假。

乔尔斯在抓捕布朗德之前，给他打了一个电话："我被老婆赶出来了，现在无家可归。"

"真遗憾，看来你只能睡办公室了。"

"但是，我不想睡办公室，能不能到你家里借宿一宿？"

"好吧，你下午就过来吧。"

两个小时之后，乔尔斯带领警察包围了布朗德，成功将其抓获。

很多人都觉得布朗德是一个愚蠢的家伙，连这么一个明显的陷阱都没有看出来。实际上，并不是因为布朗德笨，而是因为乔尔斯太聪明了。他用设计好了的圈套将布朗德"绑"在自己的家中，一举将其抓获。因为他成功地用自己的想法影响了布朗德，也麻痹了他，所以最终取得了抓捕的成功。

2.直击对方的心理弱点，以充满诱惑力的条件来吸引他

警察在调查案子线索的时候，一旦得知某个市民愿意提供有效信息，就会表现得非常兴奋，并许下承诺："我不但会保障你的安全，还会向政府申请给你一定的奖励。"实际上，这名警察未必能帮助他申请到奖励，但是他的话击中了知情者的心理弱点，让他失去了退路，不得不将所知道的实情一五一十地说出来。因为他们已经不好意思拒绝警察的要求了，更不愿意扮演言而无信的角色，无论是否心甘情愿，他们都已经别无选择。

为此，心理专家提出，绝大部分人都会有这样的心理弱点：一旦有人给他们脸上"贴了金"，谁也不好意思撕下来，同时会受到非常大的鼓舞。如果他们推翻了自己此前作出的决定，势必会觉得无地自容。一个有着高度自尊心的人并不愿意做这种自取其辱的事。因此，在必要的时候，你就应该向其传递出大量的信息，开出一些具有诱惑力的条件来吸引他，满足他的心理需求。

在现实生活中，我们也完全可以利用"信息不对称性"来和别人进行沟通。比如，公司的领导常常会告诉他的下属说："好好干，公司绝对不会亏待你，只要表现好，就会有一大笔奖金和公费旅游等待遇。"员工听了之后，自然激动异常，干劲十足。事实上，公司能不能提供这些丰厚的待遇还是一个未知数，但领导掌握的信息毕竟比员工掌握得多，所以在话语权上占据主动位置，自然能够有效利用信息的不对称性来让员工为其效劳。

只要你掌握的信息比别人多，你就能拥有更多的话语权，从而更好地利用"信息的不对称性"来和别人沟通交流。

掌握相依理论的四个层次

近些年来，警察在和犯罪嫌疑人沟通的时候越来越重视合理相依理论的应用。因为他们发现，这种沟通方式比一般性的沟通更合理也更有效。

犯罪心理学家经过多年的观察与思考，对巴克的相依理论进行了不少的研究，将这种相依理论分为四个递进的层次。在利用相依理论时，我们要学会掌握这四个层次并依次递进，最终来取得良好的沟通效果。

下面，我们就一起来了解一下相依理论的四个层次：

第一层，假性相依。

假性相依属于"陌生人"之间的一种沟通方式。交谈的双方彼此之间不熟悉，因此，交流状态也显得非常尴尬，甚至还会产生一些矛盾。在这种情况下，两者之间很难进行沟通，除了说些客套话之外，就再也找不到其他可以交流的内容。

在这种情况下，可以适当地运用假性相依理论来进行沟通。比如，我们可以假设一个原理，进一步搜集相关的证据来对对方进行说服，让他了解到我们所说的每一句话都是对的，进而按照这一理论去想问题、办事情。

当然，假性相依理论并不见得时时都能产生良好的效果，如果碰到了戒备心理比较强、城府很深的人，一般情况下都会遭到失败。另外，交谈主动方如果没有出色的逻辑能力和整理材料能力，也很难利用这种方式来和别人进行沟通。

第二层，非对称性相依沟通。

非对称性相依沟通所起到的效果要比假性相依沟通强一些。但美中不足的是，这是一种"畸形"的沟通，因为沟通的双方并没有站在一个合理的水平线上。

非对称性相依沟通最大的好处就是，它可以避免对方所说的话给自己带来干扰性。因为在这个时候，交谈的主动方一般都处在比较强势的地位，被动方则处于相对弱势的地位，他们不可能影响主动方，反而会被主动方所影响。

实际上，非对称性相依沟通是单向沟通的一种形式。它是指互动的一方以对方的信息作为自己的反应根据，而另一方却非根据对方的反应，主要根据自己的计划作出反应。

相比较而言，警察在和犯罪分子以及知情市民进行沟通的时候运用这种沟通方式要多一些，而他们内部很少使用。即便是使用，也是上司对下属，而不是下属对上司，毕竟，两者之间的地位是不同的。

第三层，反应性相依沟通。

心理学家认为，彼此沟通是否能够取得成功，最主要的衡量标准就是看在交流的过程中能够产生多少互动。换句话说，对方的反应越多，沟通就会越顺畅，效果也会越客观；反之，则是失败的、无效的。

在假性相依沟通当中，沟通的双方是不存在互动的，而非对称性相依沟通则只是为对方的反应提供了一种可能，反应性相依沟通才正式进步到了真正的互动上。因为相对前两种沟通形式而言，反应性沟通更加灵活，它可以让交流的双方都针对别人的意见修改自己的方向。可以毫不夸张地说，这是一个相当配合、主动的状态。

当然，要想让双方的沟通进入相依阶段，还需要主动方作出一定的努力。比如，了解对方的思维方式，故意提供一个错误的方案，然后再以修改错误方案为名和对方进行进一步的探讨和商议，最终取得良好的结果。

第四层，彼此相依沟通。

这种交流被称为"常态交流"，被视为最合理、最成熟的沟通方式。不过，这种沟通方式一般只适用于朋友、同事、合伙人之间，更多的体现的是一种办公室文化。如果你和一个陌生人进行这种沟通，很难取得效果。

为什么相依沟通只适合熟人之间呢？这是因为熟人之间是一种相互了解、相互依赖的关系，在对某些事情的看法上出发点也是相同的。谈话的双方都能够根据对方的语言来提出自己的观点，进而得到对方的赏识和认可。再者，交谈双方的根本利益和共同目标都是一致的，也容易形成共同的观点和看法。因此，在使用这种沟通方式的时候，我们一定要分清楚对象，不能乱用，以免徒劳无功。

避重就轻，迂回达成目的

我们需要经常和一些性格固执的人进行交流沟通，他们的防备心理比较强，不愿意说出实情，不肯和我们进行合作。遇到这样的人时，要想顺利从其口中得出事实，决不能"强攻"，而要靠"智取"，以避重就轻的迂回术来达到目的。

避重就轻的言谈迂回法则就是回避对方不肯回答的问题，选择一个与该问题有关但不会对沟通对象的心理产生影响的问题来询问，然后再迂回包抄，过渡到你想询问的问题上。这样一来，就能轻松化解对方的心理防线，最终获得实情。

警察在审讯犯人的时候，经常运用这种方法。

杰森因上传非法信息到网上而被传唤到了警局。但是，他坚决不承认自己做了这些事。审讯他的探员威廉不再逼问他，而是采用了"避重就轻"的谈话策略。他温和地对杰森说："我也认为那些东西不是你上传的。但我们调查到的情况是该信息来源于你的电脑，你的电脑里面还储存着很多此类的信息。这一点你能解释一下吗？你仔细想想，是不是你在上网的时候有病毒传染了你的电脑，而你在不知情的情况下将那些信息发布到了网上？是不是你在下载其他文件的时候也把这类的信息下载下来了呢？"

杰森点了点头，回答说："有可能。"

威廉继续问道："你再想想，最近是不是接触了含有类似信息的网站？或者是不留神时进入了这类网站，发现这是不良信息之后就马上关闭了呢？"

杰森迟疑了一下，回答说："可能是。"

威廉又问："还有一种情况，是不是曾经收到过包含相关信息的邮件，而你在不知情的情况下按照邮件的指示点击了这类网站并被电脑自动下载了呢？"

杰森说："情况应该是这样的。"

威廉说："我现在最想明白的是，你是故意上传这些内容的还是无意而为之。你要明白，无意上传和故意上传有着本质的区别，所担当的法律责任也不一样。到现在为止，我们不知道你是无意还是有意，如果你不承认，我们只能推断你是故意为之，并把你送到司法机关去进行审判；如果你愿意配合我们的工作，承认是自己无心上传的，只会受到一些警告，不用承担刑事责任。"

杰森听罢，脸色舒缓了很多。他老老实实地交代了自己发布信息的事实，承认自己并没有危害国家安全的动机，只是因为一时好奇点击了别人发给他的邮件上的网址才酿成大错的。

从上面的对话中我们可以看出，探员威廉在审讯杰森的时候，没有义正词严地对他说："上传危害国家安全的信息会给整个国家带来不可估量的损失，如果你不坦白交代，必定会受到法律的严惩。"而是以聊天的方式，用避重就轻的方式套出了实情。很显然，避重就轻的方式能够有效解除对方的敌意，可以最大限度地争取对方与自己进行合作，既避免了冲突的升级，又有效地解决了问题，可谓是一举两得。

在现实生活中，利用这种技巧来进行沟通是随处可见的。比如，销售人员在和顾客讲解商品的时候，很少会把重点放在商品的价格上，而是把大量的时间都用在了对产品质量以及售后服务的介绍上。尽管对于销售员来说钱是最重要的，但是他们很少谈。这是因为，如果张口就说价格，顾客很可能会因为要价太高而转身走人。而把时间用在介绍产品上，则比较容易引起顾客的兴趣，增大他们掏腰包的概率。

在与人沟通时，如果你谈论的话题可能会对对方造成一定的利益损失，很难让其愿意与你合作，此时你没有必要去强求对方，也没有必要打消沟通的念头，而是应该采取避重就轻的方式来和对方交谈。这样，你取得成功的概率就会大得多。

期望定律，给他人积极的期待

沟通大师认为，想让别人按照自己的意图去行事，不能靠命令，而是要利用好期望定律。所谓期望定律是指当我们对某些人或事物寄予积极的期望时，这些所期望的人或事物就会朝着我们所期望的好方向发展；当我们对某些人或者是事物寄予消极的期望时，这些被期望的人或者是事物就会朝着我们所期望的坏方向发展。

联邦调查局在培训新学员的时候，通常会采用这种方式来对他们进行训练。教官们会对每一批新加入的成员进行鼓励和赞扬，告诉他们："你们是从全国挑选出来的精英，维护联邦稳定的希望就寄托在你们身上，你们一定不会让全国人民失望。"那些新成员们在听到这些话之后，无不斗志昂扬、热血沸腾，在训练的日子里也都积极主动地学习格斗技术以及侦查手段，以最短的时间圆满结束培训任务，积极地投入到工作当中，用实际行动证明自己的优秀。

在潜意识中，人往往会按照别人的期望去做事。因此，如果你想要别人按照你的意愿去做事，完全可以将自己对他的期望明确地表达给对方，告诉对方"我很看好你""你是最棒的"。这样一来，对方的自信心就会得到较大幅度的提升，做起事情来也就信心倍增，最终一定能够取得非常好的效果。

在工作中，我们也完全可以用这种方式来对待同事或者是下属，利用期望定律去引导别人做事。

年假刚刚结束，公司老总专门把一名销售员叫来，对他说："根据对去年工作的考核，公司领导一直认为，你是公司里最优秀的销售人员。因此，我决定提升你为销售经理，另外公司还专门挑选了十几个优秀的销售人员归你管理，让你们组成本公司最强大的销售团队。不过，为了照顾其他员工们的情绪，你尽量不要表现出太多的优越感，也不要把这个秘密说出去。等到时机成熟之后，我会在公司大会上向全体员工讲明情况的。"这名一级销售听后非常感动，当即表示要用实际行动向公司证明自己的团队是最优秀的。

一年很快就过去了。经过工作考核，由这名一级销售带领的团队取得了最优秀的工作成绩，其完成的销售额占到了公司销售量的百分之六十以上。在年会上，老总专门给他发了一个大红包，并号召全体员工向他学习。等年会结束之后，老总把他留了下来，告诉了他一个秘密：其实，他不是最优秀的销售人员，他的团队也不是最强大的团队，而是随机挑选出来的。

在这个故事中，老总撒了谎，所谓的"最优秀的销售"和"最强大的团队"其实都是非常普通的员工。但是，由于老总在公司里的权威性，因此没有人对这个谎言提出质疑。首先，那名新提拔的销售经理相信了他，接着，销售经理又在不知不觉中通过自己的语言和行为将这种期望传递给了他的团队——"我期望你们是最优秀的，你们一定不要辜负公司对我们的希望。"如此一来，无论是销售经理也好，还是普通的销售人员也好，他们的自尊心和自信心都前所未有地激发了出来，因此，在工作的时候也就充满了干劲。最终，在他们的共同努力下，团队终于取得了优异的工作成绩。

给对方以积极的期望，能够最大限度地满足对方实现自我价值的需求。除此之外，还能够激发起他的责任心、自尊心和自豪感等一系列积极的心理因素，让他主动地按照你的想法去做，并且竭尽全力尽量地将事情做到最好。

在利用期望定律的时候，我们还应该注意一下，不能让别人做那些难度过大、困难过多的工作，否则不但会给别人造成严重的心理负担，还有可能让你精心编织的"谎言"迅速破产，也会让他们对你失去信任。为了避免让你的期望产生负面作用，你应该注意以下几点。

（1）具体的期望需要综合考虑当事人的综合实力，可以交给他一些有困难的工作，但困难程度绝不能太大，而要和对方的真实能力相匹配。

（2）如果对方达到了你的期望，你不要忘了赞美他，告诉他"你真行，我果然没有看错人"。

（3）如果对方没有达到你的期望，也不要过多地去苛求他、指责他，而是应该给予激励和安慰，多找一些客观的原因，不要置疑他的能力。这样既能顾全他的自尊和自信，也更有利于赢得人心。

第 09 章

智慧沟通，借用心理技巧突破言语障碍

人们面对陌生的面孔或对自己的利益构成潜在威胁的人时，会建立起强大的心理防线。如果想要攻克这些人的心理防线，绝不能穷追猛打，而是要拥有足够的智慧，掌握正确的方法，以突破对方因心理防线而产生的语言障碍，进行智慧沟通。

智慧倾听，方能实现完美沟通

生活中，那些深谙沟通心理技巧的人无论是在社交圈子里还是在工作中，与人沟通的时候都表现得游刃有余、如鱼得水。很多人想当然地认为，他们能够取得如此大的成就，最关键的原因是他们擅长说话，可以在最短的时间之内利用语言来抓住对方的心。这样认为固然有一定的道理，不过，他们的成功并不仅仅取决于"说"，还有更重要的一点，那就是"听"。在他们看来，很多情况下，善于倾听远比舌绽莲花地说更重要。

沟通大师认为，一个人若滔滔不绝地说，不给别人插话的机会，不让他人表达自己的意见，就会让双方的交流变成个人表演，彼此的沟通也就变了质。一个人在沟通中过于注重表达，就会显得过于以个人为中心，忽视他人的存在，时间一长，就会让别人觉得很讨厌。这种单口相声式的交流方式，从表面上看非常热闹，实际上却因为缺少他人的参与而显得非常尴尬。

在人类的潜意识中，每一个人都非常看重自己，也希望得到别人的尊重和关注。这种意识在谈话中表现得尤其强烈。在我们的潜意识里，每个人都想成为一个人物，都希望得到别人的注意。尽管，这种意识很少从一个人的表情之中表现出来，但该心理是一个不争的事实。

这一个例子能证明这个事实：

当一个人正在兴高采烈地讲一个笑话的时候，如果突然被一个陌生的人打断，讲笑话的人心里必定非常难受，甚至还可能非常愤怒，恨不得走上前去封住那个插话者的嘴巴。从这件事中我们就能了解到让别人把话说完该是多么重要了。

倾听是礼貌的象征，更是一个人修养与道德境界的表现。在和他人的交流过程中，我们应该学会倾听，善于倾听，以此来表示对对方的关心与重视，也只有如此，才能够得到对方的好感与善意的回报。

乔斯是联邦调查局的一名警员。有一次，他需要从一位知情人士那里得到一些线索，于是他到她的家里去拜访。女士打开房门看到乔斯，得知他的来意之后，表情十分冷淡，一副爱搭不理的样子。乔斯见状，就暂时闭上了嘴巴，细心观察并思考让女士配合的方法。

突然，他看到阳台上摆着一盆美丽的盆栽，便说："好漂亮的盆栽啊！平常似乎很难见到。"

"你说得没错，这是很罕见的品种。它属于兰花的一种。它真的很美，美在那种优雅的风情。"女士回答说。

乔斯就乘胜追击："确实如此。但是，它应该不便宜吧？"

"这个宝贝很昂贵的，一盆就要花1000美元。"

"什么？我的天哪，1000美元？那每天都要给它浇水吗？"乔斯故作惊讶地感叹。

"是的，每天都要很细心地养育它……"

女士开始向乔斯倾囊相授所有与兰花有关的学问，而他也聚精会神地听着，不时地提出自己问题。

最后，这位女士终于被感动了。她说："就算是我的老公，也没有心情听我唠唠叨叨讲这么多，而你却这么喜欢植物，真的是太美妙了。希望改天你再来交流养花的知识，好吗？"接着，她将自己了解的一些情况全部告诉了乔斯。

由此可见，聪明的人不仅是一位口齿伶俐的说客，更是一位出色的听众。倾听在无形之中起到了褒奖对方的作用，仔细认真地倾听对方的谈话，是尊重对方的表现，能够让对方的自尊心得到满足。当你耐心地听完对方所讲的话之后，他就会产生一个感情上的飞跃，认为你理解他、尊重他，给他提供了一个可以倾诉的机会。如此一来，彼此心灵间的交流就使得双方的感情距离缩短了。

可见，善于倾听是沟通中必须要掌握的技术。但是，倾听并不等于是一言不发，要想成为一个会倾听的人，还应该掌握以下几点。

1.端正态度

在听的时候，一定要专心，而且要态度谦虚，目光始终注视着对方；同时还要采用积极的词语来进行反馈，如"嗯""是这样的""我就这样想的"等。

2.善于运用肢体语言

在聆听时身体最好向说话者的方向稍稍前倾，以表示在全力关注他的话。这个时候，千万不要做无关的动作，看表、修指甲、打哈欠、伸懒腰等，在你看来，这是无意间的动作，对方却认为你在传递不耐烦的信号。

3.提出问题

提出问题是认真倾听的表现，可以增进对方进一步倾诉的欲望。不过，在提出问题的时候，要问到点子上，不能问一些无关的内容；否则，对方会认为你没有认真听，是在敷衍他，心里就会产生不愉快。

无声沟通，沉默战术反而事半功倍

语言是我们表达个人思想最重要的工具，每个人都希望通过完美的口才展示一个不一样的自我，并以此来说服别人。但是，有时候，滔滔不绝、喋喋不休的语言攻势，反而会激起对方的抵触心理，无论你说得多么动听、有道理，对方也不愿意配合你的工作。如果你不达目的誓不罢休，一再追问，非但不能达到目的，反而会激起对方更强烈的反抗。因此，在特殊的情况下，要想攻破别人的心理防线，我们可以采用无声沟通术来与别人进行交流。换言之，就是采用沉默的方法来应对那些不合作的人。因为，沉默能够给对手带来一定的压力，也能够让自己占据主动的位置，同时能让对方改变态度，主动配合你的工作。

一家公司的保险库被盗，丢失大量珍贵物品。经过调查，警察将目光锁定在了保管员乔恩的身上，于是传讯了他。

审讯员问他："听人说，你是一名电脑高手，从我们掌握的资料上来看，作案者也是一名电脑高手。这名犯罪分子侵入了公司的保安系统，让所有的保护设施全部失效，你对此有什么看法吗？"

杰克回答说："在这个问题上我有权保持沉默，因为这事和我一点关系都没有。"

审讯员继续追问："既然你是一名电脑高手，为什么甘心做毫无前途可言的保管员呢？"

杰克回答说："这是我的自由，你管不着。"

审讯员无奈，只好退出，由老探员乔恩来审讯。

乔恩一言不发，只是用眼睛死死地盯住杰克。杰克慌了神，说："你有什么要审问的，只管问好了，别在这里浪费时间。"

乔恩依然不说话，还是一直盯着杰克。很快，乔恩承受不了了，眼珠乱动，浑身打颤。乔恩抓住时机怒喝一声："老实交代，你究竟把那些物品藏到哪里了？"

"这个，这个……"结结巴巴的杰克慌了神，最后，不得不主动交代了一切。

在很多人的印象中，一般都认为说服别人需要有较好的口才，能够用语言攻势打败对方，让对方折服。其实，这种方式未必有效，在适当的时候采取沉默战术，往往能够起到更好的说服效果。

在生活中，我们经常面对一些防御心非常强的交流对象。和他们沟通时，无论你多么耐心多么委婉，也无论你采用什么样的方式，都不能让其听从你的建议。遇到这种情况时，我们不如采取沉默的方式。事实上，这种方式往往能够起到非常好的效果。

有一天，约瑟夫所在的空调公司收到了客户的投诉信，这封信的措辞十分严厉，字里行间都充满了对该公司产品的不满。为了弄清真相，公司派约瑟夫到这个客户的家里调查一下情况，以便作出正确的处理。

当客户听说他是空调公司的员工的时候，表现得既愤怒又傲慢，对他们公司的产品提出了强烈的质疑，并说若不能妥善解决就去投诉。约瑟夫认真看了一下空调，发现这些问题是由客户的使用不当所造成的，责任不在公司。但是他想："我来的目的不是和客人吵架，而是解决问题。"于是，在客户大发牢骚的时候，他始终静静地坐在那里，一言不发。等客户发泄完之后，才向其解释了原因，并提出了解决方案。

客户听完，就拍着他的肩膀说："年轻人，你说的话虽然不错，不过我还是比较痛恨那个混蛋空调公司。"约瑟夫见他余怒未消，再次选择了沉默的态度。接着，客户又说："不过，看在你的面子上，我以后再也不会写投诉信给你们公司了。"约瑟夫听后，如释重负。

生活和工作中的许多事情，并不是仅凭分辨是非就能妥善解决的。假如你一上来就发动猛烈的语言攻势，很容易激起对方的逆反心理，你也就很难再去说服别人。这是因为，当你向对方发动语言攻击的时候，声音中会带有强烈的火药味，脸上也会不可避免地带有一些敌视的神情，对方在逆反心理下就会表现得比较急躁和愤怒，很可能会作出一些更出格的选择，最终必将导致事情陷入僵局。

沉默并不是一些人眼里的理屈词穷、狼狈不堪，相反地，沉默显示了一个人的品格与智慧。在工作中，会有无数难以说服的人，他们对你的苦口婆心和推心置腹总是无动于衷，甚至冷言相讥。遇到这种情况时，你没有必要再想方设法地运用语言来说服他，而是应该适当地以沉默的方式来应对。因为这种方式代表着一种强大的力量，能够有效地化解对方的敌视心理。

软硬兼施的高效沟通技巧

那些深谙心理沟通技巧的人在与人打交道的时候，既不一味地强硬，也不一味地软弱。在很多时候，他们都会采取软硬兼施的方式来和别人进行沟通。

他们认为，在与人打交道的时候，谁都希望在一个和谐愉快的气氛中完成沟通，和和气气地达成协议。但是，在这个世界上有很多欺软怕硬之人，如果你一直采用非常温和的方式来和他们说话沟通，他们就会小瞧你，把你的和颜悦色当成软弱可欺，对你的好言相劝不闻不顾，当你作出妥协的时候，他们还有可能会步步紧逼、得寸进尺。遇到这种情况时，你就应该采取强硬的态度和手段了。另外，为了避免强硬的手段会给对方造成过度的伤害，我们还应该在必要的时候让自己软下来。只有做到了两者相结合，才能有效地进行沟通，达到自己的目的。

在现实生活中，有许多谈判高手能够用软硬兼施的方法来和别人沟通，取得最终的胜利。

因遗产问题，曾宪梓在身在泰国的哥哥曾宪概的多次催促下，于1963年动身来到了泰国。他的叔父曾桃法得知消息之后，误以为曾宪梓兄弟要联手对付自己，于是怒火中烧，决定要给曾宪梓一个下马威。

曾宪梓到达泰国后的第二天早上，三个笑容可掬的客家长辈来到了曾宪梓的小店铺里，执意要请曾宪梓去"喝喝茶、吃吃饭"。曾宪梓本想拒绝，但在客气了一番后，还是随他们来到了曾桃法的公司里。

曾宪梓来到曾桃法的公司之后，发现气氛很不对。在场所有人都一脸严肃，众位叔父一改当初亲切温和之相，纷纷对曾宪梓大加指责："你太不像话了，一点规矩也不懂。来泰国这么久，也不来拜见叔父们。你这算什么？真是不懂事！"

曾宪梓被说得一头雾水。因为他在来泰国的当天就已经拜见叔父们了。出于礼貌问题，他没有争辩，而是采取了沉默的态度。叔父们见曾宪梓无言以对，就觉得他真的是那么大逆不道，毫不留情地将其骂了个狗血淋头。

曾宪梓是一个自尊心很强的人，看到叔父们如此不讲理，就不再退让了。他开始大发雷霆："是你们太不像话了才对！因为你们是长辈，我本来应该尊重你们才是，但是冲着你们这番血口喷人的话，你们就再也不配得到我的尊重了。"曾宪梓指着刚好从他们面前走过的一个小孩说道，"我这个人，对于讲道理的人从来都是尊重的。就是这样的小孩子，知道做人应该讲道理、明事理，我也会很尊重他。但对于那些一点道理都不懂，只会嫌贫爱富，昧着良心拍有钱人的马屁的老前辈，我只会更加瞧不起他们！"

气势汹汹的叔父们被曾宪梓这一通猛炮给打懵了，他们嚣张的气焰顿时不见了踪影，一个个坐在那里，面红耳赤，无言以对。曾宪梓见他们都服了软，也不再难为他们。老练的他自然知道，言辞过于激烈会让叔父们很难堪，也不利于自己日后在泰国立足。于是，他就开始软了起来，不失时机地给叔父找台阶："叔父凭借着自己的聪明才智，艰苦创业，才能一点一滴地建立起今天这样庞大的事业。现如今叔父您有钱有势，那全都是叔父的能耐、叔父的本事，我只会从心里感到佩服。现在，叔父也大可不必为了这些财产的事情费心劳力，您是我的长辈，您要有话跟我说，喊一个小孩传个话，把我叫来就是了。"

软与硬，是一种沟通策略，当它作为一种交际手段被使用时，无论在何种场合，都不可偏颇。从理论上讲，软，体现友善、涵养、通情达理；硬，则显示尊严、原则和力量。在和别人沟通的时候，我们既要讲感情，也要懂原则，要学会根据形势变化，灵活运用软硬兼施的策略，只要运用得当，就有助于我们构建和谐、美好的工作和生活。

可见，在人际交往的种种场合，如谈判交涉、商业来往等，我们必须懂得自保方可主动而取胜这一道理。如果一味地"软"，就与任人欺侮没什么差别了；若是一直强硬，就比较容易激怒对方，在人际交往中处处受到别人的防备，以致落得满天下都是自己的敌人的下场。这两种情况都是我们不想看到的，为了避免这两种情况的发生，在与人交往时，我们要多运用软硬兼施术。

委婉指出，顺水推舟

当别人发表自己的观点，说出个人的想法时，如果你觉得不对，就需要通过沟通来和他谈判协商，争取让对方和自己想的相一致。但是，如果你采用据理反驳的方法，不但难以达到目的，还会增加沟通障碍，最终使双方矛盾加剧，彼此不欢而散。

因此，当某个人表达自己的观点时，无论是在私人场合还是公共场合，都不能盲目地对其进行反驳，哪怕对方的意见漏洞百出，想法荒谬不堪，也不能这样做，而是要学会顺水推舟，以此来减少沟通的障碍，完成沟通任务。

有人会对这种方法不以为然，他们认为，如果别人发表的观点是不正确的，自己不采取急救措施，反而听之任之，是纵容别人犯错的不负责任的行为，不但会让别人错上加错，也会让自己的利益受到损失。诚然，这样的想法是有一定的道理，但是我们应该明白，顺水推舟并不是听之任之，也不是睁一只眼闭一只眼，更不是无原则地妥协退让，而是为减少沟通障碍而采取的一种手段和措施。因为每个人都不愿意受到别人的反驳和批评，而是喜欢别人以委婉的方式来表达不同意见。

探案专家告诉我们："每个人的心里都会对不同的意见产生反感，尤其不喜欢有人当面反驳自己。如果有人在大庭广众之下将自己的意见批得体无完肤，他的心里就会不痛快，会对那个反驳自己的人产生仇恨的心理。"当一个人对你产生仇恨心理时，沟通结果就可想而知了。你不能天真地认为对方是一个闻过则喜的人，毕竟，在这个世界上，这样的人永远属于少数。

沟通大师们认为，那些处处反驳别人，经常与别人争高低的人与那些懂得妥协退让、能够顺水推舟的人相比，两者在受欢迎的程度上是不可同日而语的。也就是说，懂得妥协退让、能够顺水推舟的人在与别人沟通的时候，遇到的阻碍会少一些，取得成功的机会也会大一些。

那么，我们该怎样做到顺水推舟呢？我们总结出了以下几种方法。

1.揣着明白装糊涂

我们想要减少沟通的障碍，让对方想说话、多说话，就要收敛一点，不过分卖弄，不大肆炫耀，而是要揣着明白装糊涂。

深谙沟通技巧的大师们通过多年与人打交道发现，绝大多数人的心理都有一种自以为是的情结，谁也不愿意让别人超过自己。如果一个人过分地卖弄自己的学识和见解，势必会引起沟通对象的不满。为了表达不满，沟通对象会故意闭上自己的嘴巴，不去配合对方的工作。为了避免这种情况，我们在与人沟通的时候要表现得低调一些，学会揣着明白装糊涂，把说话主动权交给沟通对象。

2.顺势而为，因势利导

即使你实在难以接受他人的意见，也不能站起来反驳，而是要在顺势而为的基础之上因势利导，这样就能减少阻碍，也能避免矛盾升级。

比如，在公司会议上，领导认为产品的包装不够美观。负责包装设计的人心里不服气，此时就可能会出现两种不同的声音。第一种声音是："我们的产品包装采用的是最顶级的设计方案和最有实力的设计人员，不可能达不到标准。"而另一种声音则是："为了提升产品的竞争力，我们有必要对产品包装进行更新换代，我们以后会认真贯彻落实产品包装更新工作，为公司的发展作出应有的贡献。"很显然，领导喜欢听第二种声音，因为这种声音维护了自己的尊严，响应了自己的意愿。

3.不暴露自己的想法

一个人不能没有自己的想法，但在和人沟通的时候，也没有必要首先讲出自己的想法。因为你不知道别人是怎样想的，如果自己表达的意见与对方的想法明显有冲突，那么，最后就可能增加沟通的障碍。反之，如果你先让对方表达意见，那么既能体现出你对他的尊重，又能让自己处在一个进可攻退可守的位置，想要顺水推舟也就显得自然从容得多。这样一来，也避免了矛盾的发生与进一步激化，可以说是一举多得的上上之策。

提出"忠告"，以真诚的态度感动他人

对犯错误的人提出意见或批评是沟通之中的重要组成部分，这种沟通

比较容易得罪人，因此，许多人难免会有些胆怯和不情愿，在语言表达上也难免会遇到一些障碍。但是，如果放弃这种沟通，就是不负责任的表现。那么，究竟怎样做才既能达到目的又不得罪人呢？

在这种情况下，我们应该与对方推心置腹，以真诚的态度来感动他。当然，真诚的态度还需要正确的表现形式，这个正确的表现形式就是"忠告式"批评。沟通大师我们，"忠告式"批评比那种声色俱厉、措辞强硬的方式更能产生良好效果。

有一家建筑公司的安全督察在视察工地的时候，发现有一些工人没有戴安全帽，于是把他们叫到跟前，狠狠地批评了一通，严厉要求他们戴好安全帽。在大庭广众之下受到批评的工人非常不高兴，虽然都按照要求戴上了安全帽，但等安全督察一离开，就马上把安全帽扔到了一边。

后来，安全督察改变了方式。他再发现工人没有戴安全帽的时候，不再使用那种不管三七二十一的批评方式，而是先开口问工人是不是帽子戴起来不舒服，是不是帽子的大小不合适；然后用诚恳的态度告诉工人们：戴好安全帽是对自己生命的尊重和爱惜，也是对家人负责的表现；最后再恳求工人们在施工的时候把安全帽带上。结果，工人们都很乐意地戴上了安全帽，并且等他离开后也没有摘掉。

对别人进行规劝或者是劝阻的时候，要想顺利达到预期效果，首先要做到的就是让对方把话听进去。在这个故事中，那位安全督查员后来使用的这种拐弯抹角的、略带"忠告"的批评，效果明显比那种高高在上、声色俱厉、生硬冰冷的方式好得多。由此可见，"忠告式"的批评不仅能够很好地照顾对方的自尊心，给他留足面子，还能令其信服。

因此，在指出别人的失误时，我们也应该以真诚的态度，选择忠告的方式，用忠告来代替批评，唯有如此，才能够起到良好的效果。万万不能因为自己"有理"而采取激烈的态度，用尖刻的言辞去打击对方、伤害对方，而是要时时处处为别人留住面子。如果你在对待他人的失误或错误时只知道一味地进行声色俱厉的批评，不考虑他的心理承受能力和面子，很可能会引起对方的反感和敌视。

当然，真诚沟通，以"忠告式"的语言提出批评只是一个大致的方向，要想把握好这个方向，不仅需要良好的意愿，还需要有正确的方法。以下几点建议可供参考：

1.忠告要诚心诚意

向别人提出忠告时，首先要让对方了解到你对其诚心诚意的关怀。如果你只是一味地去批评，不能体现出真诚与关心，对方很可能对你产生敌视和厌恶的情绪。

对别人提忠告，要抱着体谅的心情。或许，他们在某些方面的表现的确不尽人意，但这可能是因为他们有着难言的苦衷。因此，我们应该体谅一下他们的难处，不能只用事实说话，一味地去责难。

2.要以事实为根据

要想忠告取得良好的效果，我们就要在了解了真实情况后再提。只有在了解了事实真相后，才能清楚地作判断是否有必要提出忠告，以及选择什么样的忠告角度。如果只是道听途说，捕风捉影，对得到的信息不加以分析，武断而又轻率地提出批评意见，很容易引起他人的反感。

3.注意一下场合

我们在向他人提出忠告时要注意场合，最好是私下里说，最忌在大众面前进行。如果有第三者在场，无论你说的话多么诚恳，你的意见多么正确，都不可能有效果。因为这样做会让受批评方显得很没有面子，你所有的努力也就有了"装"的嫌疑。

4.选择恰当时机

提出忠告式的批评意见时，还要选择恰当的时机。在对方感情冲动的时候，我们最好闭嘴。因为，在他冲动的时候，理智起不到半点作用，他也判断不清你的真意。这时进行忠告，非但不能解决问题，反而会让事情朝着相反的方向发展。

第 10 章

说服之道，单双向结合让沟通说服无阻碍

按照是否进行反馈，沟通可分为单向沟通和双向沟通。单向沟通是指发送者和接受者两者之间的地位不变，一方只发送信息，另一方只接收信息。双向沟通则是指在沟通中发送者和接受者两者之间的位置不断变换。在对别人进行说服的时候，需要灵活运用这两项沟通技巧。

借用事实依据，说话才有说服力

沟通高手在和别人沟通的时候，一直坚持以理服人，很少以权压人，也不愿利用自己的身份、地位等强迫别人进行合作。这一点，是我们应该学习的地方。以理服人就是摆事实、讲道理，让对方从你讲的事实中领悟到其道理，心悦诚服地接受你的建议，按照你的建议去行事。在利用这种方式与人交流的时候，要把注意力放在"理"上，不能讲空话、大话、套话，也不能和领导作报告一样，讲一些"宽纵面，大纵深"的话，它需要的是实实在在的根据。

在第二次世界大战中，有一位探员被派往一艘油轮上执勤，跟他一同前往的还有他的一位同事。但是，当任务具体下达的时候，他们两人均表示不愿意接受这项任务。因为他们听说，在油轮上执勤危险系数非常高，一旦被敌军的鱼雷击中，油轮就会爆炸，顷刻之间就能把他们送上天。为此，他们感到十分恐惧，想方设法地拒绝这项任务。

上司了解了他们的心理情况之后，就从海军那里弄到一组数据，然后找到这两名探员，向他们俩提供了一些准确的统计数字。数据指出：被鱼雷击中的100艘油轮中，有60艘没有沉到海里去；而在真正沉下去的40艘油轮中，只有5艘是在不到5分钟的时间内沉下去的。所以，他们有足够的时间跳下船去，依靠他们自身的游泳技术，完全可以脱离险境。也就是说，死亡的可能性非常小，根本没有必要担心。

两名探员知道了这些平均数字、了解了真相之后，恐慌心理顿时消失得无影无踪，于是，他们欣然接受了这项任务。

后来，这两名探员出色地完成了任务，受到了联邦调查局的嘉奖。

探员之所以能够最终接受任务，主要在于上司的说理方式，他以事实为证据，而不是简单地讲大道理、空话或大话，最终打消了探员的顾虑，使其欣然接受了任务。由此可见，用事实说话，以事实来支撑自己的观点，是一种最有力、最科学的说理方式，能够让人信服，更能有效避免后顾之忧。

用事实说话，是一个非常简单的道理。但是，在现实生活中，有不少人在说服他人的时候，只喜欢干巴巴地讲道理，不愿意摆事实，说的话没有任何可信度可言。比如，有些领导在劝说想要辞职的下属时，总是喜欢"画饼充饥"，告诉下属公司的前景如何美好，下属能够得到一个什么样的前途……这种许诺看似美妙，实际上产生不了任何作用。出现这种情况的原因非常简单，因为下属没有得到准确的信息，听到的都是一些大话、套话，甚至是空话。这样没有实际价值的话，自然难以让对方信服。

俗话说得好："有理胜三分。"事实胜于雄辩，"用事实说话"是说服对方最犀利、最有效的方法。因此，擅长用事实说话，是我们在进行说服的时候必须要掌握的方法。

当然，用"事实说话"也需要掌握一定的技巧，坚持一定的原则，避免出现失误和错误。那么，究竟该怎样做呢？心理学大师为我们提供了如下几条建议，希望能对我们有所帮助。

1.道理要讲清

"用事实说话"的前提就是自己先要明理。在说服别人的时候，要清楚地阐述事件的理论依据，这些事实和理论依据必须要以能让对方了解为基础。在说理的时候，要考虑一下哪些先讲、哪些后讲、哪些重点讲，要让说理过程有逻辑感，不能太混乱，不能让人不知所云。

2.选择对自己有利的事实，举例有典型性

"用事实说话"并不代表要把所有的事实都摆出来，而是要仔细筛选、斟酌，在选择事实的时候，最好要挑选出有代表性的、生动一些的，因为只有典型的事例才能反映出事物的本质和规律，才有证明意义。

3.不能为了增强说服力而杜撰事实

用事实说话，要保证事实的真实性。如果你为了让对方信服而凭空捏造一些不存在的事，很有可能被细心的人察觉。一旦出现了这种情况，无论你讲的道理多么正确，对方都没有心思再听下去，你所讲的每一句话都会被对方怀疑。

如何应用单向沟通方式

所谓"单向沟通"，是指在沟通过程中一方在一段时间内保持讲述状态，而对方在一段时间是处在聆听状态，双方在一段时间内的两种状态共同构成"单向沟通"状态。这种沟通方式的优点是传播信息速度较快，信息发送者的压力较小；而缺点则是接收者没有反馈意见的机会，不能产生平等的参与感，不利于增加接收者的自信心和责任心，不利于建立双方的感情。正是因为单向沟通存在着这样的缺陷，很多人都不愿意采取这种沟通方式。但是，在有些情况下，单向沟通是唯一的一种沟通方式。遇到了这种情况应该怎么办呢？

其实，只要辅以适当的办法，单向沟通的缺陷是能够克服的。具体方法如下。

1.做到言简意赅

单向沟通完全是一个人在唱独角戏，如果说的话过多，传递的信息量过大，接收者就容易产生厌烦的情绪。一旦对方产生了这种情绪，就不会有继续听下去的兴致，更不会有所响应。为了避免这种情况，我们在进行单向沟通的时候，要尽量做到言简意赅，多余的话一句都不能说，哪怕是一个无用的词也不要从口中说出。只有这样才能缩短沟通时间，让对方保持倾听的兴趣。

2.对待不同的沟通对象使用不同的语言

在生活中，不同的人往往会有着不同的年龄、教育、职业和文化背景，同样的一句话，不同的人会产生不同的理解。另外，由于当今社会专业化分工不断深化，不同职业的人有着不同的专业术语和"行话"，作为单向沟通方，我们如果不注意这些差别，认为自己所说的每一句话都能被对方恰当地理解，那么，必将给沟通带来重重阻碍，最终导致沟通失败。因此，我们在进行单向沟通的时候必须要根据对方的具体情况选择语言，语言应尽量通俗易懂，尽量少用专业术语，以便对方能确切理解所收到的信息。

作为单向沟通方，我们一定要慎重，选择对方易于理解的词汇，力求让信息更加清楚明确。对容易产生歧义的话语应尽量避免使用，同时对于可能产生误解的话语作出必要的解释和说明，表明自己的真实态度和情感，以免遭到别人的误解；在传达重要信息的时候，为了消除语言障碍，要针对对方的情况，酌情使用对方易懂的语言，以确保沟通有效。

3.恰当地使用肢体语言

美国心理学家艾伯特·梅拉比安经研究认为：在人们沟通中所发送的全部信息中仅有7%是由语言来表达的，而93%的信息是用非言语来表达的。因此，作为一名单向沟通者，我们在向别人传递信息的时候，必须注意自己的肢体语言和所说的话的一致性，这样就能在很大程度上超越语言沟通本身固有的一些障碍，进而提高沟通效率。

沟通心理学告诉我们，肢体语言是交流双方内心世界的窗口，它能够真实地反映出一个人的内心世界。要想成为一名成功的沟通者，必须要懂得使用非语言信息，同时还要尽可能地了解肢体语言的意义，磨炼非语言沟通的技巧，注意"察言观色"，充分利用它来提高沟通效率。这就要求单向沟通方在沟通的时候要时刻注意与对方交谈时的细节问题，控制好自己的肢体动作，不能因为这是"雕虫小技"而将其忽视掉。

4.注意保持理性，避免情绪化行为

我们在进行单向沟通的时候，只能从接收者的情绪中来了解他们对信息的理解。假如对方的脸上出现不屑一顾、嗤之以鼻的神情，作为信息传递者，我们一定要控制自己的情绪，尽量让自己不受对方的干扰。须知，情绪化会导致我们无法进行客观理性的思考，而代之以情绪化的判断。因此，在和别人进行沟通的时候，我们要尽量保持理性和克制，如果情绪出现失控，则应当暂停进一步沟通，直到恢复平静之后再继续。

换位思考，运用双向沟通模式

在日常生活中，一旦和别人产生了误会、发生了分歧，我们就会愤愤地想：他怎么能这样对我？这是很正常的反应。毕竟，受人性固有弱点的限制，很多人在和别人交往的时候，总是站在自己的立场上，较多地考虑自己的利益和需求。一旦别人不能满足自己的利益和需求，就会产生抱怨的情绪和心理。

沟通心理学认为，过多地以自我为中心去考虑问题和交涉交谈，根本不可能达到完美的沟通效果，反而会让矛盾越来越尖锐。要想获得让双方都满意的结果，就要学会换位思考。换位思考是解决问题的有效途径，是化解矛盾的利器，它让人们能够设身处地地考虑对方的利益所在，尽最大限度地为对方着想，从而迅速地找到两者之间的最大公约数，最终达到良好的效果。

诚然，将心比心、换位思考和其他道理一样，都是说起来容易做起来难。但是，只要我们心中存有这样的观念，在和别人发生冲突的时候能够给自己留出一定的思考时间，尽量地考虑一下对方的感受，就能够做到了。

有些人认为，换位思考、处处考虑别人的感受会损害自己的利益，其实，这种观点是错误的。当你能够站在对方的立场上说话的时候，就能够感化对方，同时，对方也会作出相应的让步。这样一来，你得到的远比失去的多。既然如此，我们又何乐而不为呢？

一次，菲尔德和他的朋友一起去餐厅用餐。服务小姐一点儿都不热情，脸上冷冰冰的，说话口气也是硬邦邦的。朋友非常生气，忍不住厉声训斥服务员，还要去投诉她。菲尔德赶紧拦住了他，然后非常客气地点了菜之后就让她走了。

朋友不解，说道："我没想到大名鼎鼎的侦探竟然这么窝囊，她的态度这么差，你竟然不生气，真愧对你的身份！"

菲尔德说："她的态度是不对，但总会事出有因。也许她失恋了，也许她的家里出了什么事，也许她刚刚被领班指责过，总之，我们应该原谅她。"

朋友依然不能释怀："不管什么理由，也不能影响工作吧？这是她的错，我们有权投诉她。"

"这当然是她的错，但是我们为了一点小事就去投诉她，就是我们的错了。"

朋友嘲笑道："没想到你这个让罪犯闻风丧胆的FBI竟然有一颗仁慈的心。"

菲尔德笑笑："这也是我能成为著名的探员而你却不能的原因。"

《圣经》中有一句话："你待人当如人之待你。"可以说，这是为人处世的"黄金规则"。这就是说，别人对待你的方式，是由你对待别人的方式决定的。如果你处处以自我为中心去判断是非、苛求别人，就永远别指望别人会给你好脸色，也别指望别人会配合你的工作。如果你能够站在别人的立场上想问题，别人就会由衷地佩服你，更会主动配合你的工作。

曾有心理学家说过："肯替别人想，是第一等的学问。""上半夜想自己的立场，下半夜想别人的立场。"意在告诉我们，在沟通时永远不要把自己放在第一位，而是要站在对方的角度上思考问题，这样不但能够让问题得到更好的解决，还可以省却许多烦恼，消除抱怨的情绪。

在实际生活中，我们难免会和别人在某些事情的认识上存在一些分歧，为了妥善处理分歧，我们需要进行及时的沟通。为了让沟通产生更好的效果，你就不能过多地要求别人什么，抱怨别人什么，而是要将心比心地考虑对方的处境和利益。

当然，将心比心还需要讲究一定的方法，掌握一定的原则。那么，究竟该怎么做呢？以下有几点建议：

1.给别人留表达想法的时间

将心比心并不是靠凭空臆想就能做好的，毕竟，你不是对方，根本不可能完全了解对方的想法和感受。要想真正站在对方的立场上想问题、看事情，就应该给对方留出足够的表达时间。

2.不要较真

如果对方说的是气话，那么你就没有必要当真，也没必要较真。如果你斥责他的观点是错误的、荒谬的，无疑就是在火上浇油，激化彼此之间的矛盾。

3.坚持适度原则

如果你是一名女性，尤其要了解这一点。虽然体贴人是你的长项，但"体贴的话"也要适度说。一旦把握不好体贴的"度"，就有可能造成不必要的误会，让自己处于尴尬的境地。

掌握先夸大再缩小的说服技巧

警察在向一些知情人调查线索的时候，通常都会耍一些"花招"，如先向他们提出过高的要求，以此来"威胁"对方，然后再以适当让步的形式来说出自己的真实要求，来达到最初的目的。实践证明，这种方法屡试不爽。

比如，警察希望从一名知情人的口中得知犯罪分子的藏身之地，但是又怕这名知情人不配合，于是先提出非常高的要求："只有你知道犯罪分子藏在什么地方，希望你能协助我们的工作，请你做我们的向导，把那些犯罪分子抓捕归案。"知情者听后，感到非常震惊和恐惧，面露难色，连连摆手："那地方实在是太危险了，我不敢去。"警察见状，就会作出让步，提出新的要求，告诉他："既然你担心生命安全，我们就不难为你了。这样吧，你把具体地点告诉我们，剩下的事情就不用管了。"

知情者听罢，如蒙大赦，连连点头表示答应，爽快地把犯罪分子的藏身之地告诉了警察。

这里，如果警察一开始就直接要求知情者把犯罪分子的藏身地点告诉他，那么，知情者可能会出现犹豫，甚至有可能拒绝他的要求。一旦要求被拒绝了，警察就会处于被动，没有回旋的余地。但是，警察直接提出了一个更高的要求，从而有效地化被动为主动，也有了讨价换件的余地。知情者听到新的要求之后，心里就会感到很庆幸，自然也就不好意思再拒绝了。如此一来，警察最初的目的就达到了。

其实，除了警察调查案件外，很多聪明人谈判的时候也会利用到这一技巧。比如，鲁迅就在他的一篇文章中讲了这样一个故事："如果有人提议在房子墙壁上开个窗口，势必会遭到众人的反对，窗口肯定开不成。可是如果提议把房顶扒掉，众人则会相应退让，同意开个窗口。"

为什么会出现这样的情况呢？这是因为每个人都有一种思维惯性，在判断事务的时候，都会在有意无意之中进行一番"货比三家"的比较。如果你只向对方提出一个条件，哪怕这个条件再小，恐怕也会遭到他的拒绝。因为他不知道你的要求存在多大难度，也不知道这样做值不值；反之，如果你在提出了一个难度比较大的要求之后，再不失时机地主动去削减、去"打折"，就等于是给他提供了一个参照物，两个要求进行一番比较之后，他就会按照相对较低的要求去做，于是爽快地答应别人提出的要求。他们不但答应得比较爽快，做起事来也会格外认真，最后，一定能够给你一个合乎预期的答案。

在工作中，特别是当我们与别人进行谈判的时候，应该讲究一些策略和方法，比如，运用先夸大再缩小的说服技巧，用提出高于预期要求的形式来达到最初的目的。

有一名工会会员就纺织厂的工人要求增加工资一事向该厂的老板提出了一份书面要求。一个星期之后，老板要求他去谈判新的劳资合同。他在来纺织厂老板办公室之前，作好了打擂台的准备。

令他感到非常惊讶的是，老板见了他之后，就向他详细介绍销售和成本情况，还花费了相当长的时间给他讲述今年的财务状况。这种场景是工会会员从来就没有见过的，因此，他有些摸不着头脑。为了争取时间，考虑好对策，他拿起茶几上的资料阅读了起来，而他的书面要求则在这些材料的最上面。

工会会员看了之后，恍然大悟，终于明白为什么老板向他诉苦了。原来，他的秘书在打字时出现了差错，将要求增加工资13%打成了31%（而他本人的期望值则是8%）。难怪厂方如此为难呢！

看罢资料，他的心里就有了底。于是，他静静地听老板大讲特讲工厂的艰难处境，等待他的最后结论。老板在诉了一番苦之后，表了态："工资可以涨，但是涨幅不能太大，公司的底线是增加工资15%。"工会会员听后大喜，很爽快地和老板签订了协议。

在和客户或者是对手谈判的时候，我们向对方开出的价码一定要高于自己的预期。因为这样才能够让谈判继续进行下去，才能让自己有回旋的余地。那些深谙谈判术的专家们在谈判桌上都非常喜欢利用这种方式。

当然，在工作中我们也可以用到这个策略。比如，给自己制定一个较高的工作目标，迫使自己朝着这个方向努力。实现了这个目标当然更好，即便实现不了，也早就实现了当初的目的。

单双向结合，让沟通顺畅起来

现代心理学家认为，沟通的模式不是固定的，在同一场说服过程中，未必只能使用单向沟通或者双向沟通中的一种。在很多时候，一种沟通模式未必能够起到良好的效果，只有单双向沟通相结合，才能让说服工作无阻碍。如果沟通遇到阻碍，他们就会灵活运用两种不同的沟通方式，做到单双向沟通相结合，最终来获得说服工作的成功。

我们先来看下面一则案例：

加利福尼亚州一家银行发生一起盗窃案，账户上丢失了1000万美元。联邦调查局接到报警之后，迅速成立了以威廉为组长的调查小组。经过线索寻找、信息排查，最后，威廉将目标锁定在银行系统维护工程师身上。

威廉根据所掌握的资料了解到，这两名系统维护工程师毕业于美国软件学院，精通编程技术，但喜欢耍小聪明，好占小便宜，在同事中不受欢迎。威廉找到银行行长，明确地告诉他："现在嫌疑犯已经确定是两名系统维护工程师，你要看好他们，不能打草惊蛇。"还没等行长开口，威廉又吩咐道："专案组会对所有员工进行调查，一个星期之内任何人都不能随意离开银行，你尽快将这个决定告诉给每一位员工。"行长答应，依计行事。

在专案组调查的第五天，两名系统维护工程师向行长请假要求回家。威廉得知信息后找到行长，问他："这两个人说是有急事，你怎么看？"

行长回答说："可能是家里真有急事。"

"他们在工作中的表现如何呢？"威廉又问。

"他们技术精湛，工作认真，但性格有些孤僻，不喜欢与人打交道。"行长回答。

"现在基本可以断定，他们就是盗窃银行存款的人。"威廉说。

行长不解，问道："他们是通过什么方式盗窃的呢？"

威廉解释说："他们靠自己掌握的技术破解了银行服务器的密码，并将钱悄悄地转移到了瑞士银行的账户上。"

行长大惊失色，他恳求威廉帮忙将巨款追回来。

威廉告诉行长，若走法律程序，对犯罪嫌疑人进行审讯，他们未必承认作案事实，也未必会将钱送回。要想追回巨款，还是应该由行长亲自劝说。

行长采纳了威廉的意见。他把两名工程师叫到办公室，开门见山地对他们说："你们破译了银行服务器的密码转走存款的事，我已经知道了，希望你们及时将赃款交出来，给自己争取宽大处理的机会。如果你们拒不交出赃款，必将面临牢狱之灾，到时候你们的家人恐怕也会责怪你们。"两名工程师原以为自己做得天衣无缝，没想到这么快就被行长知道了，顿时惊慌失措。在强大的心理压力之下，他们承认了转走巨款的现实，同时也将赃款退还到银行的账户中。

在这个案例中，联邦调查局运用了单双向相结合的方式与行长进行沟通。当发现线索，将目标锁定在系统维护工程师身上的时候，威廉要求银行行长按照自己的指示去行事。这就是典型的单向沟通模式。在威廉看来，这种情况下不可能和行长在犯罪嫌疑人是谁的问题上进行协商，因为行长对刑侦工作一窍不通，如果过多地和他讨论，非但对破案没有帮助，反而会阻碍调查的进行。紧接着，当联邦调查局调查得知两名系统工程师确实是犯罪嫌疑人时，威廉与行长进行了第二次沟通，这次他并没有用命令式的沟通方式，而是采用了双向沟通方式，既表达了自己的观点，又得到了行长的信息反馈。如此一来，双方的沟通就得到了进一步的完善，最终也达成了统一意见——不用常规的方式抓获系统工程师。最终，通过单双向相结合的沟通方式，既找到了犯罪分子，又确保了赃款的追回，挽回了银行的经济损失。

在现实的沟通情境中，我们也要学会灵活运用单双向沟通相结合的方式来与别人进行交谈与交流。当你使用上几次之后，就会发现这种沟通方式有着神奇的力量，能够产生让人意想不到的效果。

权威效应，有力地说服对方

利用权威效应是沟通高手们常用的说服他人的方法。所谓"权威效应"，是指如果说话者的地位较高，深得众望，比较有威信，受人尊重，那么，他所说的话就比较容易引起别人的重视，他所说的话也比较容易让人相信。为什么权威人物说的话能够比较容易得到别人的认同呢？

心理学专家认为，主要是有两个原因：第一是因为人们普遍具有寻找安全的心理，也就是说，人们总觉得权威人物在某些专业领域有着较深的造诣，在具体事务的认识上要比一般人看得远一些，他们的言论增加了避免出现错误的"保险系数"；第二，人们对权威人物都有一种"盲目崇拜"的心理，因为大部分人对一些事务的认识都处在业余水平，对自己的看法通常都不自信，而权威人物则不同，他们往往代表着正确的认知方向，他们的要求也常常与社会规范相一致，按照他们的要求去做，就等于走到了时代的前沿，抓住了真理，同时也能够得到社会各方面的赞许和奖励。

我们先来看下面的故事：

在美国，有一个心理学家做了这样一个试验：心理学家在给某一大学心理学系的学生们讲课的时候，给学生们介绍了一位从其他学校请来的德语老师，然后对学生说，这位老师是德国著名的化学家。

在上课的过程中，这位著名的德国"化学家"煞有介事地拿出了一个装有蒸馏水的瓶子，告诉学生们说，这是他自己最新研究发明的一种化学物质，在嗅觉上有一些说不清的味道，然后他就要求闻到特殊气味的学生们把手举起来。结果，整个教室里80%的人都举起了手。

为什么明明是没有气味的蒸馏水，却被大部分学生认为有气味呢？其实这就是人类社会中普遍存在的一种心理现象，也就是"权威效应"。

同样，沟通大师们在和一些意见相左的人进行交流的时候，为了让对方同意自己的意见，他们常常会搬出"权威人物"，用权威人物的话来为自己的意见加分，进而征服对方。这种方法，往往能够起到非常好的效果。

事实上，在现实生活中，这样的例子还有很多：在辩论赛上，辩手们喜欢引经据典，用权威人物的话来为自己的见解作证；一些商家做广告的时候，喜欢邀请一些权威人物来做产品代言人。

在谈话的时候，如果想要得到别人的支持和认可，我们可以适当地利用一下权威效应，这样不仅可以减少双方的矛盾，还能够节省很多口舌和精力，最终取得良好的效果。

一个善于利用权威效应说服他人的人，往往也能够获得"亚权威"的身份，如此，他也就能够得到大家的认可和欢迎，做起工作来也就更加顺利。反之，一个人微言轻却并不愿意利用权威效应来给自己增加分量的人，做起工作来，时常会遇到人为的阻力和压力，经常会陷入说话没人听的尴尬境地。

那么如何利用权威效应令自己说的话让人信服呢？

1. 多读书，勤看报

一个没有任何知识储备的人，是不可能知道权威人士和权威观点的。一个不读书不看报的人，眼界只能局限于一些狭小的范围之内。当他需要引用一些理论性的东西时，难免会感到窘迫，即便是想杜撰几句经典的话，也会漏洞百出，最终非但不能有效地说服别人，反而会授人以柄。

2. 引用权威人物的话要适度，不能太多

用权威效应去说服别人时，只需说上一两句即可。如果长篇大论连篇累牍地引经据典，大讲特讲子曰诗云，就会让说服发生本质的变化，变成你在炫耀自己的学识。这样一来，对方就会对你产生抵触心理，不愿意听从你的劝说。

3. 配合适当的表情、眼神和手势语

在引用权威人物的话时，要让对方从神色上看出你对这个权威人物的了解以及信服。如果你用轻佻的眼神、开玩笑的表情、不自重的手势，对方要么觉得你是在说谎，要么认为你是在开玩笑，自然也不会信服你所说的话。

| 第 11 章 |

平等沟通，不同沟通层级之间如何实现信息互通

面对不同的沟通对象，需要运用不同的沟通形式，绝不能出现张冠李戴的错误。从沟通层级上划分，可以分为和上级沟通的上行沟通、与同事以及平级部门的平行沟通、对下级的下行沟通三种形式。不同层级的沟通需要注意不同的事项，掌握不同的原则。只有了解了这些，才能保证沟通的有序进行。

如何与上级巧妙沟通

在平常的工作和生活中，我们免不了要和上级进行沟通。由于地位的差异，很多人在和上级沟通的时候往往都会因为胆怯、准备不足等原因导致失败，最后非但不能取得良好的效果，反而让自己在上级眼中的印象大打折扣。针对这种情况，我们应该学习一下和上级之间进行沟通的技巧。

如何与上级之间进行巧妙的沟通呢？

1.面带微笑，充满自信

我们知道，在和人交谈的时候，一个人的语言和表情所传递的信息各占50%。一个人对自己的工作和想要表达的想法充满信心的话，无论他面对的是谁，表情都会轻松自然；反之，如果他对自己的工作和想法缺少必要的信心，那么，在言谈举止上就会有所流露，面部表情也会显得非常不自然。试想一下，如果一名警察在和长官就某个案件进行沟通的时候，表情紧张、局促不安、结结巴巴、欲言又止，那么无论他准备得多么充分，所要表达的内容多么有说服力，恐怕都无济于事。这是因为，他的表情中带有很大的不自信，既然他自己都不相信自己，又怎么能让长官去相信他呢？

因此，我们在和上级进行沟通的时候，一定要有一个良好的心态，面带微笑，充满自信地与其进行交流。用你的自信和微笑去感染他，征服他。

2.说话简明扼要，重点突出

领导的工作非常忙，时间也很有限。作为下属，我们在和他们进行沟通的时候，应该少讲一些无关紧要的话，做到简单明了，重点突出。在联邦调查局，长官最关心的就是案件的进展情况、解决案子的方法。因此，那些FBI探员会把沟通的重点都放在这些问题上。

在工作中也是如此，领导最关心的是投资和回报的问题，他希望了解投资的数额、回收期、项目的赢利点等。因此，下属在和领导交谈的时候，要重点突出，简明扼要地告诉领导他想要知道的东西，绝不能东拉西扯，分散领导的注意力。

3.仔细聆听领导的命令

在工作中，如果领导向你指派一项任务，你就应该精力集中，认真聆听，遇到不懂的地方可以及时询问，以便于更好地执行任务。在聆听的时候，你可以有所反馈，但是不能和领导讨价还价，也不能三心二意，漫不经心。

4.读懂领导的表情

在和领导沟通的过程中，下属要读懂领导的表情，然后再根据这些表情去作出相应的反馈。比如，领导对下属所表达的内容不感兴趣、神情中带有些许的不耐烦，遇到这种情况时，下属就应该即时闭嘴或者是转换话题。如果领导对某项谈话内容非常感兴趣，下属就应该进行进一步的阐述和必要的补充，从而让彼此的沟通朝着良性的方向发展。

5.选择恰当的时机

在工作中，下属想和领导进行有效的沟通，也应该选择适当的时间。一般情况下，最好不要选择刚上班和快下班的时间。因为，刚上班的时候，领导会因为有很多事情需要处理而显得非常繁忙；快下班的时候，领导又会感到疲倦心烦。这些时候都不是和领导进行沟通的好时机。下属和领导进行沟通的时间最好选择在上午十点左右，因为这个时候领导刚刚处理完早晨的业务，有一种如释重负的感觉，此时正在从容地作着当天的工作安排，你的适时出现，比较容易引起领导的欢迎和重视。

6.尊敬领导，勿伤领导自尊

在工作中和领导进行沟通时，我们更要注重尊敬领导。比如，当你的建议和提案被领导否决的时候，你可以进行解释，也可以作有限度的争辩，但是不能和领导发生争吵，更不能指责领导。因为那样做是在侮辱领导的自尊，会让他非常反感。

职场人士汇报工作的技巧

在工作中，我们每一个人都需要和领导进行沟通，定期不定期地进行工作汇报。有的人在汇报工作时，说得头头是道，让领导听得如痴如醉，频频点头，连连夸赞；而有的人在汇报工作时则漏洞百出，前言不搭后语，让领导心烦意乱，痛苦不堪，甚至大发雷霆。为什么会出现这样的结果呢？心理学专家告诉我们，这是因为汇报工作时采用的方法不同导致的。

我们都想做一个被领导夸奖的员工，而不愿意做让老板头痛的下属。这就需要我们在汇报工作的时候掌握一定的技巧。以下是沟通大师们总结出的几种方法：

1. 调整好心理状态，创造融洽的沟通气氛

良好的心态是成功沟通的必要前提，如果一个员工在和领导沟通之前情绪低落，状态不佳，就会把坏情绪传染给领导，让他变得心烦意乱，烦躁不堪。一旦出现了这种情况，汇报工作就难以取得成功了。

2. 汇报工作时必须讲重点，不可平均用力

领导一般都比较忙，没有太多的时间听你全面详细地介绍工作，他关心的只是重点。如果你在汇报工作时平均用力，在细枝末叶的问题上纠缠不

清，领导难免会产生不满。在汇报重点工作的时候，你一定要有做法、有成效、有经验、有体会，让领导听了后，有所收获、有所启发。

3.善于挖掘、归纳和总结亮点

在汇报工作时，多提出一些具有指导意义和示范作用的好经验和好做法。这些东西能够抓住领导的心理，引起他的关注，同时也能让他发现你的工作能力，对你产生好感。

4.汇报焦点问题

焦点问题的重要性比重点问题还要重要。它是指那些影响或制约基层单位长远建设和发展，并带有一定的倾向性的问题。向领导汇报焦点问题，可以让他了解你和你所在部门的工作现状，也可以让他向你提供一些建设性的意见。

5.汇报困难

工作上遇到一些小困难时，没有必要向领导诉苦，但如果遇到了一些自己无法解决的重大困难，就应该及时和领导沟通了。在汇报困难的时候，需要注意讲明自己的情况，同时不能大倒苦水，以免引起领导的反感。

6.汇报要有逻辑性

汇报工作最忌讳的是"胡子眉毛一把抓"，信马由缰，讲到哪儿算哪儿。一般来说，汇报工作的时候要抓住本单位或者是个人工作的整体思路和中心工作这条线，分头叙述相关工作的做法措施、关键环节、遇到的困难、处理的结果、收到的成效等内容，将之有效结合成一个体。这种汇报工作的方式，能够让领导及时地领会，不至于产生误解。

7.不好的消息不要隐瞒

有些人为了不让领导责怪自己或者是不让领导费心，总是报喜不报忧，想方设法地不让领导知道坏消息。这是不可取的。一旦坏消息传到领导的耳朵里或者是摆到了领导的面前，你就可能会吃不了兜着走。因此，遇到不好的消息时，应该及时进行汇报，让领导知道事情的详细经过，这样既能避免错误的蔓延，又能避免被老板问责。

8.全权委托的工作也要汇报

不要以为全权委托就等于领导撒手不管。他全权委托你一项工作，是对你的信任；如果你不及时汇报，就等于是对领导的不尊重，难保他心里产生不愉快。

9.汇报工作时首先要说结果

领导最关心的就是结果。告诉领导结果，就等于是让他吃了"定心丸"，也就有了详细介绍经过的前提条件。

10.汇报工作时需要严谨认真

在报告工作的时候，你不仅要谈自己的想法和推测，还必须正确无误地说出事实。如果你在汇报工作的时候态度不严谨，谈到关键问题的时候习惯用一些模糊性的语言，说一些语焉不详的话，诸如"可能是""应该能"等推测的话，会比较容易对领导产生误导，不利于他作出正确的决策，也会给你以后的工作带来麻烦。因此，在表明个人意见的时候，你最好明确说明"这是我的意见"，以便于给领导留下足够的思考空间，作出他的决断。这样，无论是对领导还是对自己，都不无裨益。

巧妙谏言，让上司听从于你

在职场上，向老板提意见，说服老板，是一件比较困难的事情。哪怕你的老板多么开明，其内心里隐藏着的骄傲也不允许他们乖乖地听从下属的意见和建议。因为在他们看来，听从下属的意见并不是从谏如流，而是有可能被下属牵着鼻子走，成为下属的附庸。为了避免出现这种情况，上司一般都不会考虑下属的意见，更不会按照下属的意见去做。

对于下属来说，有责任在一些事情上向上司提出意见和建议。但是，在很多情况下，他们的上司并不会采纳他们的意见。遇到这种情况，究竟该怎样做呢？

1.绕个弯子，避免正面冲撞

直言直语是一个人在交谈之中致命的弱点。因为喜欢直言直语的人只考虑自己的感受，不会站在对方的立场上想问题，所以说出来的话就显得太直，容易引起对方的不快，若不加以改正，很可能会造成双方关系的破裂。

在和上司交谈沟通的时候，作为下属，我们万万不能百无禁忌，而是应该学会绕个弯子，以委婉的方式提出自己的意见。这样就能避免双方的正面冲突，也能让上司更好地听从你的意见。

2.学会示弱，显示出上司优秀的一面

在表达想法、说出建议时，不少人的心里都有着一种优越感，在姿态上就难免居高临下。这种自以为优越的心理是不可取的，尤其是在和领导交流的时候更是如此。如果你以这种方式和上司沟通，根本不可能达到预期的效果。为了达到目的，你应该在上司面前学会示弱，以此来显示出上司的优秀，进而满足他的虚荣心，好让他能够认真地倾听你的意见和建议。

怎样示弱才能取得良好效果呢？沟通大师告诉我们，要视上司的具体情况而定。比如，在学历不高的上司面前，不妨展示经验有限，有过种种曲折难堪的经历等，表明自己实在是个平凡的人；对眼下经济状况不好的上司，可以适当诉诉自己的苦衷，如健康欠佳、子女学业不好以及工作中诸多的困难，让对方感到"他也有一本难念的经"；对于某些专业上过硬的领导，最好宣布自己对其他领域一窍不通，袒露自己在日常生活中闹过哪些笑话等。

3.欲指出上司的不足，要以赞美为开端

尽管金无足赤、人无完人，但很少有人愿意被迫承认自己在某方面的不足和缺陷。如果作为下属的你直接告诉上司"你存在什么样的缺点"，那么就是在挑战上司的权威，践踏他的尊严，无论你的意见多么正确，他都不会听从，反而会变相地去打击你、报复你。

为了避免出现这样的情况，作为下属，在指出上司的不足之前，你要多作一些铺垫，赞美一下他领导有方、知识渊博、德高望重等，然后再提出你的意见和建议。这样一来，上司就能明白你这样做是真心实意地为他着想，是站在他的立场上考虑问题，他也就愿意采纳你的意见和建议了。

4.让上司以为主意是他自己想出来的

任何一个领导都不甘心自己的下属比他强。领导都有一种恐惧心理，害怕自己的地位受到侵犯，任何一点风吹草动，都会令其诚惶诚恐，以致防范之心较重。所以，你的聪明和好想法不要轻易暴露出来，不妨适时装装"糊涂"，无意中将想法说给领导听，或者巧妙地把自己的想法移植到领导的头脑中，让其以为主意是自己想出来的，这样不仅保留了他的"面子"，还能让他对你有所感激。

可见，要想让上司采纳你的建议，比较合理的方式就是给他出一套选择题："对于这件事，我想到了三个解决方案，但是应该使用哪一个，自己却拿不定主意，您帮我参考一下可以吗？"然后，再摆出你事先准备好的三套方案，并顺便讲述一下每种方案的利弊，最后再由老板来拍板选择。在你提供不同方案的时候，应该事先作好周密的准备，弄清楚每一个细节。当然，即便你没有这么多方案，也无所谓，只要有一个正确的方法即可，为了显示上司的"英明"，你在呈交该方案的时候保持请教和询问的态度就可以了。

平行沟通，同级同事间如何沟通

工作中，为了有效地处理各种事情，我们需要和同事之间进行沟通。这种同事与同事之间的沟通，通常被称为平行沟通，我们可以将其定义为：建立在互相尊重、相互帮助、团结协作基础之上的，不存在制约的关系，是一种平等的沟通形式。现代职场，与同事之间进行平行沟通能够最大限度地凝聚团队的力量，可以让整个团队朝着共同的目标去努力，最终获得工作的圆满解决。因此，我们在工作中非常需要和同事之间进行有效的沟通。

上级在进行下行沟通的时候，可以采用命令的方式，下级在进行上行沟通的时候，可以采用请教汇报的口吻。而同事间的平行沟通则不行，因为两者的关系是平等的，越是关系平等，分寸就越不好拿捏，说话的口气重了，会让同事觉得你不尊重他；态度表现得过于谦恭，又容易引起同事的轻视。那么，究竟怎样做，才能有效地完成平行沟通呢？为此，我们总结出以下几种方法。

1.沟通的时候要有平等的心态

这是进行平行沟通时必须要有的心态，我们对待同事不能向对待下级那样用命令的口吻要求对方做事，而是要以互相尊重为原则，以平等的方式进行沟通。只有这样才能拉近与同事间的关系，避免使对方感到压抑，从而保证沟通顺利地进行下去。

每一个人的内心深处都会有一个等级观念。当一个地位比自己高的人用命令的口吻和自己说话的时候，听话的人一般情况下都比较容易接受；但是，如果一个地位和自己平行的人也如此说话，恐怕就会引起他的反感了。如此一来，沟通的双方就很难继续沟通下去，甚至会产生严重的分歧。

当然，在和同事进行平行沟通的时候，也不能把自己的地位放得太低，因为那样的话就显得有些自轻，无法表现出自己的工作能力和个人魅力，也就很容易把寻求合作变成乞求帮助，如此一来难免会被同事看轻。

2.用平和的语气来化解在沟通中出现的分歧

在工作中，同事之间在对一些事情的看法和某项工作方式的认识上，难免会产生一些分歧，这是很自然的现象。正是因为有了分歧，人们之间才有了沟通的必要。如果人与人之间的认识都是相同的，也就没有必要再大费周折去和别人进行沟通了。

在和同事产生分歧的时候，我们需要做的是消除分歧，而不是将其转化为不可调和的矛盾，从而引发更大的争执。因此，当我们和同事之间产生不同意见的时候，无论你觉得自己多么有理，意见多么正确，都不能太自以为是，更不能强迫别人接受你的意见。而是要把自己的心胸放宽一些，让自己平静下来，用平和的语气去摆事实、讲道理，同时还要及时地倾听对方的意见。这样一来，你就能够了解对方的真实想法，也能够从对方的意见之中了解其合理的部分，然后再针对两种意见作出正确的判断，耐心细致地向对方讲明哪种观点正确，哪种方案比较具有可行性。这样一来，就能够让对方感觉到你的真诚，也能把你想说的话正确地灌输给他，从而让沟通变得更加圆满，也让双方的感情更进一步。

3.建立起实时沟通机制

在工作中，我们也应该和同事之间建立起实时沟通机制。比如，几个人分工去完成一项艰巨的工作任务，你应该不定时地将你的工作进展情况告诉你的同事，同时也要对同事给你提供的信息作好及时的反馈。这样一来，就能够让你们对整个工作的进展程度有一个大致的了解，让团结协作发挥最大的功效，以便于更好地完成工作任务。

恩威并举，宽严相济

身处职场，无论是上下属之间，还是同级别之间，都需要沟通，上司与下属的沟通被称作下行沟通。在进行下行沟通的时候，最常用的方式就是恩威并重。这种沟通方式具有非常显著的效果，它既能够体现出长官的权威，又能够让下属产生感激之情。

恩威并重的沟通方式一般运用于下属犯错误的时候。下属在工作上出现问题时，领导就必须给他们指出来，以便于让其及时地改正。为了让对方认识到错误，领导会摆出一副威严的样子，用比较严厉的语气对其批评和教育；另一方面，为了维护对方的自尊心，领导会在批评之后再对他们进行一番安抚与劝慰，用怀柔之术来消除对方可能存在的怀恨之心。

在工作中，下属们难免会犯一些错误。作为他们的领导，我们有权力去批评和指责。不过，在批评的时候，不能一味地采用严厉的方式，而是要采用恩威并重的方式。因为这种方式能让下属在改正错误的同时不至于产生逆反心理，也能以更好的心情投入到下一步的工作中。

凯琳是一家大型超市的部门经理，主要负责仓库的管理工作。她的手下有几名保管员，这几名员工工作非常努力，但有一点小毛病——喜欢占些小便宜，为此，凯琳没少批评过他们。

一天，凯琳在清点仓库的时候发现少了几箱高档酒和几条名牌烟。这肯定是那几名员工干的，因为仓库的钥匙平常都是放在值班室的抽屉里，除了凯琳和那几名员工之外，没有人能拿得出来。凯琳非常愤怒，就把员工们叫进办公室，严厉地训斥了他们一顿。当然，因为没有充足的证据，根本就没办法说是他们偷的。因此，凯琳只是批评了他们看管不力的错误。

等这些员工们低头认错完毕，凯琳就放缓了语气，非常和蔼地对他们说："我知道你们工作都非常努力，也明白这些事不是你们干的，但为什么要批评你们呢？这是因为你们有看管仓库保证不让物品丢失的责任。我知道，你们工作都很努力，从不偷懒，也知道你们的工资不多。这些问题，我正在想办法向公司汇报，争取给你们加工资。你们先耐心地等几天，把手头的工作做好。你们想，如果你们连工作都做不好，我还有什么底气要求公司给你们涨工资啊？"员工们听完之后，都觉得凯琳说得很对，也都感觉非常对不住她，因此，就纷纷表示以后绝对会忠于职守，坚决不让丢失物品的事情再发生了。

从此之后，那几名员工工作就更加认真了，仓库里再也没有出现物品丢失的事。

在上述故事中，凯琳知道是那些员工偷走了物品，于是对他们发了一通脾气，严厉地批评了他们。但是，她的批评很有分寸，没有用太多苛责的语言，也没有对员工们进行人格上的侮辱，反而站在他们的立场上对他们进行了一番劝说。这让那些员工有了被尊重的感觉，因此没有产生任何负面的情绪，以后的工作也就更加努力了。自然，失窃的事情便再也没有发生过。

下属在工作上犯些错误是不可避免的事情，作为他们的领导，我们对其进行批评和教育是有必要的，因此，就需要进行下行沟通。不过，在和员工们进行沟通之前，应该了解沟通的真实目的是什么，如何做才能让下属既能改正错误又不至于产生任何负面的情绪。如果上司只知道"威"而忽视了"恩"，一味地使用奚落、讽刺、挖苦、嘲笑的方式和员工进行沟通，那么，员工必定会产生逆反的心理，他们嘴上可能不会说什么，但是在以后的工作当中肯定会没有激情，只会敷衍了事。再者，严厉的批评还会严重地伤害下属的自尊心，这样一来，工作自然也就无法正常开展。一旦员工出现了这样的状态，那么无论是对公司还是对他们个人来讲，都是有百害而无一利的。

当然，上司在和下属进行沟通的时候，也不能片面地追求"恩"而忽视了"威"。如果一个领导者经常扮演好好先生，从不发脾气，总是笑容满面地和下属进行沟通，也难以收到好的效果。毕竟，那样的话，就会让下属失去了应有的敬畏之心，甚至还会给下属留下一个好欺负的印象。如果一个领导沦落到了这种地步，那么他想做什么事情都做不成了。

总之，在和下属进行沟通的时候，既要懂得发威，还要学会施恩，做到恩威并施，这两项手腕必须俱备，缺一不可。唯有如此，才能让上司和下属的沟通卓有成效。

如何沟通才能与同事建立友谊

在工作中，同事是接触频率最高的人，因此，和同事建立起良好的沟通关系，无论是对于自身的发展还是对工作来说，都非常有意义。如果一个人不能和同事建立起良好的沟通关系，不但会被同事孤立，也难以把工作做好。

那么，怎样才能通过平行沟通来和同事建立友谊呢?

1.用对待朋友的方式来和同事进行沟通

有不少人认为，同事之间是工作上的合作者，但更是利益冲突的制造者，自己不可能和他们成为好朋友。基于这个原因，许多人在和同事进行沟通的时候，往往摆出一副公事公办的面孔，除了工作需要之外，不愿意多说一句话。这种沟通方式自然不能引起同事的好感，也会影响工作的进展。

事实上，我们需要记住的是，同事是我们一个战壕里的战友，并不是竞争者，为此，在工作上，要与同事密切合作；在生活上，要相互帮助；在业余时间，要无所不谈。也就是说，我们要以对待朋友的方式来对待同事。

2.用真诚的言语来和同事进行沟通

真诚不仅是一项美德，同时更是一种有效的沟通艺术。在和同事之间进行沟通的时候，我们不必藏着掖着，也不要害怕被别人抢了功劳，而要切实做到真诚沟通。遇事实话实说，沟通推心置腹，这样的沟通才是成功的。

我们要明白，这个世界上没有傻子，你可以欺骗一时，却不能欺骗一世。一旦对方识破了你的谎言，那么，他就会采用更加激烈的方式去打击报复你。

3.以大局为重，多补台少拆台

因为工作关系，同事之间走到了一起，组成了一个共同的集体。我们每一个人都应该有集体意识，要以大局为重，与同事形成利益共同体，而不能勾心斗角，相互拆台，因为这样做不仅不利于你的人际关系，还会损害到你的切身利益。

4.工作出现分歧，懂得求大同存小异

同事之间由于经历、立场等方面的差异，对同一个问题往往会产生不同的看法，引起一些争论，这都是很正常的事情，万万不能因为出现分歧就全盘否定你的同事，更不能因为争执谁对谁错而伤了和气。

为此，与同事有意见分歧时，一是不要过分争论。从客观上来说，人接受新观点需要一个过程，主观上往往还伴有"好面子""好争强夺胜"的心理，彼此之间谁也难服谁，此时如果过分争论，就容易激化矛盾而影响团结。二是不要一味"以和为贵"。即使涉及原则问题也不坚持、不争论，而是随波逐流，这样的话不但不能解决问题，也难以赢得同事的尊重。在面对问题的时候，特别是在发生分歧时，要努力寻找共同点，争取求大同存小异。实在不能一致时，不妨冷处理，表明"我不能接受你们的观点，我保留我的意见"，让争论淡化，又不失自己的立场。

5.在发生矛盾时，要宽容忍让，学会道歉

其实，同事之间发生一些磕磕碰碰是很正常的，但要学会妥善处理，否则就容易形成大矛盾。在和同事发生矛盾的时候，不要一味指责对方，而是要学会从自己身上找原因，换位思考多替他人想想，避免矛盾激化。如果已经形成矛盾，自己又的确不对，就要放下面子，学会道歉，以诚心感人。

6.同事升迁、获利，要真诚祝福

工作中，我们绝不能平日里一团和气，遇到利益之争就当"利"不让；或在背后互相谗言，或嫉妒心发作，说风凉话。这样既不光明正大，又于己于人都不利，因此，对待同事的升迁要时刻保持一颗平常心。

第 12 章

把握场合，不同沟通情境如何选择沟通方法

在沟通方法的选择上，也存在着实事求是、因地适宜的原理。这就要求我们在正式场合学会把握沟通的分寸，在非正式场合学会用非正式沟通，在不同的场合选择不同的话题，善于运用幽默这个润滑剂，熟练掌握非语言沟通的技巧等方面的知识。

正式场合，要把握沟通分寸

任何一个沟通大师在气氛端庄、严肃的正式场合中说话的时候，都非常注意把握沟通的分寸。他们从来不说大煞风景的话，而是掌握分寸感，不该说的从来不说。我们在正式场合中与人沟通的时候，也应该学会把握沟通中的分寸。那么，究竟怎样做才能达到这一点呢？

1.认清自己的身份

一个人无论处在何种场合，都会有自己特定的身份。这种身份，也就是自己说话时的"角色定位"，要想把话说好，首先就应该注意这一点。比如，警察在犯罪分子面前是威严和正义的化身，而在总统面前则是一名尽心尽责的下属。面对犯罪分子，他们可以严厉一些，说话态度也可以强硬一些；面对总统时就应该谦和、恭顺得多。如果对总统使用僵硬的话语，就非常不合适，因为这样是不礼貌的，是有失分寸的。

2.说话尽量客观

我们都知道，正式场合都是比较庄重的场合，不允许出现太多的感情色彩，也不允许出现太多夸张的语言。因此，在这个时候就要有尊重事实的态度，与人说话的时候实事求是地反映客观实际，不能主观地夸大或者添油加醋地修饰。比如，警察在和犯罪嫌疑人进行较量的时候，会采用一些夸张的语言和表情去震慑对方；但在上司和同事面前，他们从来不会这样做，而是客观陈述、实事求是。

3.表达善意

正式场合是庄重的场合，并不是吵架场合，在这种场合下进行沟通的时候，一定要表达出自己的善意，让对方了解到自己的思想和感情。在说话时，只有善意地与人交流，才能获得对方的好感，才能让沟通产生良好的结果。反之，若满怀敌意地与人沟通，势必会影响到沟通的效果和双方的关系。

4.言语得体

言语是展现一个人内心世界的载体，是人的"第二张脸"，我们在说话时，务必要做到说话得体，恰如其分。尤其是在正式场合中，乱说一气势必会影响整体的气氛和沟通的效果。比如，如何称呼别人，亦大有文章。如果你有一个做大学老师的朋友在作演讲，在这个时候，你就不能直呼其名，而是要和别人一样称呼其为"老师"，以示尊重。

5.不能太客套

正式场合中需要一些礼节性的东西作为沟通的铺垫，但是也应该把握一定的度。如果你过分地去粉饰雕琢、处处行大礼，就会失去心理的纯真自然，还会给人一种"礼多必诈"的感觉，显得不够坦诚。

除此之外，在正式场合中，有一些话是不合时宜的，更是不能说的。下面我们就来大致了解一下，以便做到心中有数。

1.自己和他人的健康状况

除了你的亲朋好友之外，没有人会对你的健康检查或者是敏感症有兴趣。在正式场合中，最好不要谈论类似的话题，否则，就会被人认为太不懂事。

并不是所有的话题在任何时间、任何地点都适合拿来公开谈论。

在正式沟通场合，我们会遇到形形色色的人，有的人可能已经患上了严重的疾病，他们对此讳莫如深，一旦别人提及，就会浑身不舒服，甚至还会把你的关心当成多管闲事。因此，哪怕你知道某个人得了重病，也不能提，以免引起对方的不快。

2.敏感性的话题

除非你非常清楚对方的立场，否则，就不能谈论具有争论性的敏感话题，如宗教、政治、信仰、党派等。比如，你对着一个支持民主党的人大谈什么共和党的好处，对方很可能会拂袖而去。

3.个人的不幸

正式场合是讨论、交流的场合，不是诉苦大会，无论你受到了什么样的伤害，都不能表现出来，更不能向他人诉说，因为场合不合适。当然，如果有人主动向你提及他的不幸，你也没有必要去斥责他，只须安安静静地听就行了，在必要的时候，可以表现出同情的神色，但不能为了满足自己的好奇心而追问不休。

4.黄色笑话

有人说黄色笑话是生活的调味剂，是不可或缺的一部分。这话固然有一定的道理，但失之于偏颇。尤其是在正式场合中，这种难登大雅之堂的笑话最好别说，以免给别人带来不快，给自己带来麻烦。

善用非语言性沟通更有成效

"非语言沟通"就是指运用那些非语言性的渠道来传递信息、表达观点以和别人沟通的一种方式。现代心理学告诉我们，非语言性沟通交流是一个人真实感情更准确的流露。因为一个人在很多时候很难控制自己的非语言反应，这种反应更真实地表达了他内心的想法。心理学家指出："如果将注意力完全集中在人类的语言交流上，那么，许多交流过程将从眼前消失。"他们之所以非常重视非语言性沟通，是因为他们认识到在整个沟通过程当中非语言性行为发挥着至关重要的作用。有很多资深的心理专业人士认为，在一个交流过程中，非语言性行为占80%，而语言性因素只占20%，甚至更少。

为什么人们会如此重视非语言性沟通呢？心理学家认为，因为不同的人有着不同的知识、职业、技能构成，我们所说的专业术语有时候很难让对方明白是什么意思。说的东西多了，反而会引起对方的恐惧与疑惑。而非语言性行为则是自发的一种反应，能够让对方了解你的真实想法，判断出某件事情的重要程度。

非语言性沟通具体有几种形式，又该如何正确地利用呢？下面我们就来了解一下这些知识。

1.面部表情

人的面部表情和面部神态是非语言信息里面最重要的组成部分，也是非语言沟通中最丰富的源泉，它是一种共同的语言。尽管人们的生活背景、文化背景不同，但是面部表情可以传递相似的感情，使人们更准确地了解对方的真实感情。如果我们面带微笑，就能够使对方感到安慰和温暖；反之，若以冷若冰霜的面孔示人，则会引起对方的抗拒和不满。

2.仪表和举止

这也是非常重要的无声语言，可以令交谈对象产生很强的知觉反应。这就要求我们在和别人交谈的时候做到衣着整洁、容貌修饰自然大方、举止端庄、保持积极向上的精神，因为这些东西能够缩短彼此之间的距离，给人以亲切的感觉；反之，蓬头垢面、衣冠不整，则会给人一种不庄重的感觉，别人就会下意识地产生反感，进而疏远你。

3.姿势和步态

姿态和步态可以反映一个人的情绪状态和健康状态。直立的姿势以及快速而有目的的步态表示有自信和健康状况良好，而垂头弯腰、缓慢地拖着脚步走则表示情绪抑郁、无兴趣。无论你从事什么行业，在和别人交谈的时候，都要注意姿势大方、得体，避免一些失礼的表现，如指手画脚、拉拉扯扯、手舞足蹈等，以免给别人造成不良的印象。

4. 目光接触

目光接触是非语言交往中的主要信息通道，它既可表达和传递感情，显示某些个性特征，又能影响他人的行为。目光与其他体态信号相比是一种更复杂、更深刻、更富有表现力的信号。因此，在和别人交流的时候，视线不能向上也不能向下，更不能左顾右盼，要望着对方的面部，让对方了解自己的真诚。

5. 触摸

触摸是一种无声的语言，是非语言沟通交流的特殊形式，包括抚摸、握手、搀扶、拥抱等。触摸能增进人们的相互关系，是用以补充语言沟通及向他人表示关心、体贴、理解、安慰和支持等情感的一种重要方式。比如，医生在和患者交谈的时候，触摸不但能表示他对患者的关注和安慰，同时也能稳定患者的情绪，能给他们安全感、信任感，令他们消除恐惧心理等。

当然，在利用触摸这种沟通形式的时候，我们还应该掌握一定的分寸，尤其是在女性面前，不能乱用。否则，就会被对方误认为是轻佻的举止，是你在骚扰她。

任何场合，幽默都是交流的润滑剂

如果向女士询问喜欢什么类型的男人，十有八九的人都会回答"要有幽默感"。为什么她们会把幽默看得这么重呢？原因很简单，因为幽默可以给人们带来愉快的笑声，让生活充满欢乐。在交际场合，一句幽默的俏皮话能够起到四两拨千斤的作用，可以缓解人们的紧张心理，有效地调动人们交谈的积极性。如果遇到了冲突或者是尴尬的局面，幽默则能够起到润滑剂的作用，可以在最短的时间之内消除人们心头的不快，让在场的人得到前所未有的轻松和欢乐。由此可见，幽默在沟通场合之中的优越性和重要性是其他方式不能代替的。

无论是在生活中还是在工作场合，沟通大师们都会采用幽默的方式来和别人进行沟通。他们对于这个沟通中的润滑剂有着深刻而独到的认识。他们将幽默的作用大致总结为以下三点，我们不妨来学习一下。

1.幽默有助于轻松地解决问题

如果我们整天以一副刻板、严肃的面孔示人，在和别人沟通的时候，就容易引起对方的抵触心理。如此一来，沟通就增加了难度；而如果我们换上一副笑容可掬的形象，就能够让人对我们产生好感，他人也就愿意与我们沟通。因此，沟通大师们都善于运用幽默风趣的态度来拉近与他人的距离，争取得到他们的支持，最终轻松地解决复杂的问题。

有一名顾客在餐馆里吃饭，等了很长时间，饭菜也没有上桌。他看着别人吃得津津有味，就把酒店的服务生叫来，问道："请问，我们是坐在观众席上了吗？"服务生不好意思地笑了，就赶紧向他道歉，然后又亲自跑到后厨去督促厨师。不一会儿，热腾腾的饭菜就端上来了。

对于办公室的工作人员来说，无论做什么工作，处在何种场合，都免不了要和人打交道。为了让沟通更顺利一些，也让事情得到有效的解决，我们应该采取幽默风趣的方式和别人进行沟通。事实证明，幽默风趣的态度要比那种一本正经的方式有效得多。

2.幽默可以使人更具说服力

幽默是建立在丰富阅历之上的一种生活态度，也是心智成熟的表现。幽默风趣的态度除了可以增加一个人的亲和力之外，还可以扩大他的影响力。这是因为，一番幽默的话语不但能够给人带来欢乐的笑声，还可以表现出一个人具有随机应变、聪明伶俐、处乱不惊的良好素质，这些良好的素质让自己不仅能够轻松自如地化解一些难题，同时还显得更加具有说服力，能够很好地影响到其他人。

在工作当中，有不少人能够用幽默来影响他人，说服他人。

在某房地产中介公司内，有位太太看了业务员推荐给她的资料后，说："这个房子离车站得走30分钟，太远了！"业务员回答道："夫人，您一个人走当然是太远了。要是跟你的先生两个人一起走，一个人就只用花15分钟就到了呀！"太太听罢，莞尔一笑，不再挑剔，而是高兴地和他们签订了租房合同。

这名业务员以谬误的逻辑回避自己产品的缺点，让人在笑声中忽视它的存在，转而寻找机会发挥产品的优点。这种幽默的方式远比那种掩饰性的解释更具有说服力。

3.幽默可以提升一个人的个人魅力，使其更容易得到人们的信任

在人和人的交往当中，那些热情、宽容、幽默的人比较容易受到别人的欢迎。在这些特征当中，幽默更能够给人留下非常深刻的印象，因为幽默的谈吐可以给人一种耳目一新的感觉，能够给人带来愉悦和轻松的心情，同时还能够迅速地拉近陌生人之间的距离，在最短的时间之内消除拘束感。因此，在沟通中，你应该让自己显得幽默一些，以此为"武器"来征服别人，得到别人的信任和支持。

非正式沟通能力同样不可或缺

沟通可以分为正式沟通和非正式沟通。正式沟通主要用于正规的场合，如公司会议、代表谈判等；而非正式沟通则主要用于非正式场合，通常以聊天的形式出现。正式沟通属于工作交流，非正式沟通则多以情感交流的形式出现。

正式沟通的效果如何，取决于沟通的方式、沟通双方的工作关系、两者之间的利益等因素；而非正式沟通的效果则更多地依赖于具体沟通人的感染力。在很多时候，沟通大师们在和他人进行沟通的时候，通常都比较喜欢采用非正式沟通的方式。在他们看来，非正式沟通不会显得那么枯燥和生硬，只要双方表现得自然一些、亲切一点，一般不会产生尴尬的局面，更不会显得太被动。我们采取这种沟通方式，能够使沟通双方彼此更加了解，也更加尊重，从而让沟通效果更加卓有成效。

大部分沟通大师在非正式沟通之中都会利用个人的魅力去感染别人，征服别人的内心。在和他人交流的时候，他们身上散发着一种成熟幽默、大方从容的个人魅力，容易让人产生亲切感，很难拒绝和他们进行交流与合作。

和正式沟通相比较而言，非正式沟通显得不那么正式和严格，实际上，这种不正视和不严格反而会起到更好的效果。因为它能够让人的心情变得放松，不至于那么紧张，在谈论起某项事情的时候就会显得轻松自如，可以无所顾忌，畅所欲言，进而提供更丰富的信息。现代心理学认为，很多政府机构和大型企业缺少这种非正式沟通，他们常常会采用僵化呆板的正式沟通形式，以致让沟通陷入僵局，也让事情朝着相反的方向发展。

心理学专家强调，解决一些正式沟通不能解决的问题的时候，如个人情感、隐私、生活细节、工作环节等问题，非正式沟通往往能够起到良好的作用。因为，这种沟通方式不是以公务活动为表现形式，也不是以某个机关单位为背景，而是一种心与心的交流，可以通过个人魅力去得到别人的信任。

可见，带有人情味的非正式沟通比严肃呆板的正式沟通更有效果。那么，究竟非正式沟通具有哪些独特的魅力呢？

1.非正式沟通不会让人产生心理上的压力和束缚感

因为这种沟通完全是以聊天的形式出现，没有太明显的目的性，能够让对方放弃恐惧、厌恶、抵触等心理因素，愿意在一个宽松的氛围内愉快地和你交谈。

比如，在企业内部，一些领导都会用这种方式来和下属进行沟通。这种沟通不是上级对下级的问询，也不是下级对上级的汇报，而是两个人站在相等的地位上进行谈话，从而有效地拉近双方的心理距离，可以让下属知无不言、言无不尽，同时也增加了对方的自信心，最终有利于工作效率的提高。

2.非正式沟通传递的速度非常快

一般情况下，在进行沟通之前都需要作一些铺垫，如布置会议室、准备发言稿、作好表达方式的准备等。从很大程度上来说，这些铺垫都是一些表面文章，对沟通的实质并没有多大的帮助，不但会浪费宝贵的时间，还会让人有压抑感，效果也很可能不理想。而非正式沟通则不然，它没有太多的限制，也不需要刻意营造一些隆重的场合，随时随地都可以进行。这样一来，就能够增加传递信息的速度，大大提高解决问题的效率。

非正式沟通除了传递信息的速度比较快之外，还可以有效地传达一些在正式沟通中无法传达的信息。在正式沟通中，沟通的双方一般都会简明扼要地摆明自己的观点，等待对方的答复。而非正式沟通则可以把自己为什么会有这样的观点、个人的感情倾向等表达出来，从而加速对方对自己的理解与认可。

3.非正式沟通不受时间和地点的限制

通常，在企业内部，如果要进行正式沟通，就必须选择在领导办公室或者是会议室里举行。但是，在很多时候，条件并不允许如此。比如，外地出差的时候，遇到了突发情况，不得不改变原定计划，他们无法回到办公室里去向领导报告，也没有办法在会议室里向同事们解释清楚。因此，他们只能用非正式沟通的方式来寻求领导和同事们的认可与支持。

在工作中也是如此。通常情况下，一个正式的沟通需要在时间上作提早安排，以免占用参与沟通各方的工作时间，在场合上也需要精心挑选，同时还要对一些观点和看法有所约束，这样一来，就会让沟通的效果大打折扣。而非正式沟通则不然，它没有任何的时间和地点限制，也没有话题的约束，参与者可以随意地讲出个人的观点，也能够在短时间内和别人达成共识。因此，很多公司的老板和员工都会采用这种沟通的形式来和别人进行交流。

与人沟通，过硬的心理素质是基础

心理学家认为，每一个人都是交谈的高手，有些自认为不善言谈的人主要是心理素质上有问题。不会沟通的人是不存在的，只是因为有些人害怕和人打交道，或者是不习惯和人打交道罢了。其实，一个人之所以会产生恐惧心理，是因为他的心里会莫名其妙地产生一种不确定感。在陌生人面前，他不知道自己能否给别人留下一个良好的印象，也恐惧因为口误等原因而在外人面前丢脸。当说话效果成为一个未知数的时候，就难免产生满心焦虑和恐惧。这就好比是一个人走进了一个陌生的、黑暗的环境，面对一片漆黑和未知的前途，他自然会产生焦虑、恐惧和害怕。要克服这种消极心理，我们需要有足够的信心、勇气和胆量，不要因为别人的取笑而感到恐惧或是胆怯。

每一个人的心里都会有或多或少的怯懦感，面对陌生的人或者是事物，难免会产生退缩、害怕的想法。我们需要做的，不是任由这种怯懦疯狂生长，而是努力克服，让自己练就过硬的心理素质。想要让自己拥有过硬的心理素质，就要大胆地进行表达。想要进行大胆的表达，最好的方法就是让自己多开口、多说话。那么，怎样才能让自己习惯开口说话呢？这就要求我们每一个人都要积极把握与人交谈的机会，抓住时机与人进行寒暄和攀谈。只要说的次数多了，就会习惯成自然，心理素质就会越来越好，与人交流时也就不再害怕了。

那么，怎样寻找和抓住锻炼的机会呢？

1.在家：和家人多沟通交流

家庭是练习口才的最佳场所，也是最容易找到话题的场所，如经济收入问题、父母养老问题、子女教育问题、饮食起居问题等，都可以拿来和家人进行沟通交流。如果你能够提出一些有益的意见，帮助家人解决一些实际性的困难，就说明你的沟通能力有了明显的进步。

2.朋友：有事没事多聊天

与朋友频繁往来、谈天说地，是练习口才的重要途径之一。我们的朋友有着不同的性格、不同的爱好、不同的年龄、不同的圈子、不同的工作，与他们聊天时也会遇到不同的问题。多和他们进行交流，就等于是多维度地和这个社会接触，不仅可以锻炼自己的沟通能力，也能丰富自己的知识，对社会上出现的一些问题有更进一步的了解。和朋友交谈的次数多了，聊起天来也就少了一些拘束和窘迫，自己发言表达意见时也就不再拘谨，反而能侃侃而谈，讲出独特的意见和见解，进而得到他人的信任。一旦到了这个时候，你的胆量就会渐渐大起来，你的心理素质与往日相比也就不可同日而语了。

3.聚会：大胆地"走出去"

陌生人聚会的场合是最能训练说话胆量的地方。我们每个人都免不了要参加一些社交活动，在社交活动中也免不了要遇到一些陌生人。在这种场合之下，我们不能沉默寡言，做闷葫芦，而是要主动"走出去"，抓住机会，与人交谈。

在聚会场合，不要怕找不到与人交谈的机会，其实，这样的机会有很多。大家相聚时，不外乎出现两种情形：一是一大群人在兴高采烈地交谈，二是有几个人孤零零地站在一边。在这个时候，可以加入到人数比较多的那个圈子当中去和别人交谈，你没有必要害怕什么，因为在这种情况下，所有人都希望参与讨论的人越多越好；当然，你还可以主动去和那几个"孤单"的人打招呼，向其介绍自己。在陌生人面前，没必要太拘束，可以聊一些天气变化之类的话题，然后再逐渐加大话题的深度或者是引导对方谈论自己所擅长的话题。

无论碰到了什么样的情况，都没有必要因为生疏而胆怯，实际上，只要你自己愿意主动开口，对方就不会拒绝。退一步来说，即便是被拒绝了，也没有什么大不了，毕竟彼此谁都不认识，根本就不用考虑面子的问题。

总之，胆子是练出来的，心理素质是培养起来的，无论在何种场合，我们都应该积极把握和别人交谈的机会，尝试着与他人闲聊、寒暄，锻炼自己的胆量，建立自信心，为以后的成功沟通打下坚实的基础。

第 13 章

掌握惯用沟通法，原始交流技能不可或缺

书面沟通和口头沟通是最原始的沟通方式，也是心理学大师们常用的沟通方法。在他们看来，越是原始的沟通越能达到预想的效果。不过，原始的交流技能并不意味着只是简单的交流技能，在运用这项沟通方式的时候，仍需要坚持一定的原则，掌握一定的方法。

现代人不可丢失简单交流技能

随着科技的进步和经济的发展，人与人之间沟通的渠道越来越多，出现了网络沟通、电话沟通等新形式。但是，现代社会中的许多人似乎已经将最简单的沟通技能忘得一干二净。面对面的沟通，对他们来说已经越来越困难，因此，许多人不禁哀叹，长此下去，自己恐怕会丧失语言功能。

针对这种情况，心理学大师为我们提供了以下几种方法作参考，进而帮助我们恢复最简单的沟通技能。

在选择面对面交流这个途径之前，需要考虑以下两个因素。

1.沟通对象

如果我们沟通的对象是一个性格开朗、为人随和的人，那么我们完全可以在公共场合下和他进行面对面的沟通。如果对方是一个地位较高，或者是不善于在大庭广众之下过多地表现自己的人，那么，我们就应该事先和他打个招呼，约定好面谈的时间和地点。

2.事情的属性或性质

如果需要沟通的事情是一项命令，那么我们可以在公司会议上、在全体工作员工面前来传达命令，从而完成一人对多人的面对面交流；如果涉及他人或自己的隐私，需要保密，就应该选择一个私下的场合，在只有两个人在场的情况下进行面对面的交流。

面对面交流需要注意的事项如下。

1.感情

沟通不仅是信息的交流，更是感情的传递。在沟通的时候不能只谈"正事"，而要敞开心扉，开诚布公，说真话，讲感情，以心换心，唯有如此，才能架起相互信任的桥梁，让沟通取得良好的效果。

2.时机

心理学大师认为，进行面对面沟通时，选择时机非常重要。因为，人们在心情愉快的时候比较乐于和别人交流，也相对容易接受外界的信息，在这个时候找他沟通，容易顺利进行，取得良好的效果；如果你在他人情绪低落、心烦意乱的时候去和其聊天，很有可能会吃闭门羹。

3.信息表达准确

面对面沟通时需要正确地表达自己想要表达的内容，做到语言简洁，以最少的语言来表达最大量的信息。如果一个人在说话的时候啰哩啰嗦，就会让人不知所云。

为此，我们在表达信息的时候，要尽量做到生动形象，幽默而又含蓄，利用轻松的话语和幽默的语言来化解人际交往时的局促尴尬气氛，同时还要留出一定的余地来，以免产生不必要的麻烦。另外，还应该使用委婉的语气，无法直言的事情要学会"兜弯子"，旁敲侧击，点到为止。

4．平等的心态

沟通不是下命令、发指示，而是表达自己的想法、讲道理，沟能是以理服人，而不是以势压人。在沟通的时候一定要注意平等交流，不要以为自己地位高、懂得多就表现得非常傲慢，而要放下架子，把自己和对方放到一个同等的位置上去沟通、交流。

在沟通的时候，即便遇到了和自己意见相左的人，你也要让对方把话说完。如果对方说得对，你就要心悦诚服地接受，同时表示感谢。即便你认为对方说得不对，也不能斥责其语言荒唐、道理荒谬，而应耐心地向其解释，以温和的方式去"反驳"对方，这样既能避免双方之间的关系出现裂痕，也能让沟通顺利地进行下去。

5．选择正确的切入点

找准切入点，是成功沟通的重要前提。

在与人沟通的时候，你可以先表达一下自己的想法，但决不能唱"独角戏"，毕竟，沟通不是演讲，也不是训话，而是一个互动的过程。要想了解到对方的真实想法，你就应该留出一定的时间来倾听对方的讲话。这样做不仅是礼貌的表现，同时还可以让你找到合适的"切入点"。这个切入点是一种共鸣，也是使沟通卓有成效的最佳契机。

简洁的口头沟通用语最便捷

现代心理学认为，在所有的沟通形式当中，简洁的口头沟通是最有成效的一种。尽管这是一种最原始的沟通形式，但是因为它快捷和有效，所以深得很多沟通大师的信赖。

很多人认为，口头沟通就是简单的说话或聊天，只要自己不是哑巴，就能熟练掌握，根本就用不着学。实际情况并不是这样的，尽管每个人都会说，但是怎么说，说出什么效果来，存在着巨大的差距。因此，在使用这种沟通方式的时候，还需要掌握一定的原则和技巧。

要想让简洁的口头沟通有效果，就要做到以下几点。

1.自信

无论做什么事，说什么话，都需要有自信作基础。尽管口头沟通是一种简单的沟通形式，但同样也需要自信。如果不具备这个素质，沟通就变成了毫无底气的表达意见，极容易被他人否定，难以产生良好的效果。

佩恩是一名探员。有一次，他在外地一个小岛上游玩的时候，遇到了一宗杀人案。由于岛上交通不发达，警察局又离小岛较远，为了迅速破案，人们就邀请佩恩帮一下忙。

于是，佩恩就开始进行调查取证。在调查的时候，难免遇到一些不肯合作的人。一次，佩恩敲响了来自西班牙的温顿伯爵夫人的房门，温顿夫人却让他吃了闭门羹。她在屋里说："警官先生，请您离开这里好吗？我现在正在午休，您总不能打扰正在睡觉的女士吧？"佩恩却不急不恼，也不退下，而是笑着说："尊敬的伯爵夫人，我正是为了能让您以后睡个安稳的午觉才来的。您知道，犯罪分子一日不抓获，岛上居民就一日不得安宁，您的午觉也就存在一分危险。"伯爵夫人听了，赶忙打开门把他请进屋去，把自己知道的线索一五一十地告诉给了他。

作为一名"帮忙"的警察，按说应该有些底气不足才是，但佩恩并没有表现出这种不自信来，而是坚信自己做的是对的。这种自信的态度很快征服了不肯合作的人，也让佩恩从他们那里得到了第一手的资料。

2.彼此信任，坦诚相待

信任是沟通的前提。道理非常简单，如果双方之间谁也不信任谁，心理上有着很大鸿沟，沟通就没有了任何实际意义。

在沟通的时候要想打开彼此的心门，深入地进行沟通谈判，达成一致性的意见，就应该彼此信任，坦诚相见。须知，信任和坦诚是沟通的桥梁，是打开心锁的钥匙，是实现完美沟通的必由之路。如果你把坦诚和信任看得非常轻，在沟通的时候尽讲一些华而不实的话，利用别人的信任来欺骗他们，那久而久之，就再也没有人愿意和你共事。无论你遇到什么样的困难，也不会有人帮你分担。

3.掌握好沟通的时间

口头沟通虽然随时都可以进行，但也应该掌握好沟通的时间，挑选一个比较合适的场合。比如，当对方正在大汗淋漓地忙着手头工作的时候，无论你的事情多么重要，也不能打扰他。否则就会让对方分心，他既不能顺利地完成手头的工作，也不能和你达成一致的意愿。因此，要想很好地达到沟通效果，必须掌握好沟通的时间。

4.言简意赅，传达有效信息

当然，简短的口头沟通并不是侃大山，说得越多越好、讲得越多彼此越高兴。沟通是解决问题的，这就要求人们在进行口头沟通的时候注意组织语言，既要有逻辑性，又要有重点，尽量做到不说一句废话，以最短的语言来传递最有效的信息。

用最少的语言传递出最多的有效信息，既能节省自己的时间，又可以给对方留出足够多的思考空间和时间，从而为双方意见达成一致奠定良好的基础。

5.适当辅助一些面部表情和肢体语言

面部表情和肢体语言能够传递出比语言更多的信息。在进行口头沟通的时候，我们不能把注意力都放在语言上，还要适当地辅以一些面部表情和肢体动作，只有这样才能够让对方了解到你的真实感受，才有可能使双方产生共鸣。

直言你的情绪，让对方了解你的感受

生活中，我们都知道，在和别人交往的时候，要表现得具有亲和力一些，但这并不意味着丧失原则、妥协退让。在必要的时候，你应该表达一下自己的情绪，让对方知道你的感受。心理学认为，在适当的时候表达自己的情绪，是一种简单而又有效的沟通形式，可以起到非常好的效果。

在现实生活中，我们既要与人为善，也要适当地表达自己的情绪，决不能遇到什么事情都一忍再忍，毫无原则地妥协。

唐佳昌刚参加工作时，和三名同事住在单位的宿舍里。在刚刚搬进宿舍的时候，唐佳昌为了搞好同事间的关系，常常主动地打扫室内卫生、擦桌子、清理垃圾，有时候还会帮他们从食堂里打饭回来。唐佳昌觉得，只要自己真心实意地待别人，别人也一定能够真心地对待他。然而没有想到的是，那三位同事竟然当起了大爷，不但不去分担劳动任务，还常常向唐佳昌提出一些非分的要求，比如，让他帮着洗衣服、叠被子等，甚至借钱不还。

唐佳昌心都寒了，他没有想到自认为拥有的礼让美德却成了别人吆五喝六的资本。因此，他感到痛苦和愤怒。

一天晚上，三个人又聚在一起喝酒，他们倒在唐佳昌的床上又哭又闹，一个醉酒的同事还吐在了他的床单上。唐佳昌再也忍不住了，他跑到走廊上拿起了拖把冲回房间，举起来就如雨点似的打下去。那几个人赶紧从床上跳下来，把拖把夺了过去。拖把被夺之后，唐佳昌转身拿过桌子上的一个热水瓶，"呼"的一声摔出老远。

这件事情过去之后，唐佳昌对同事们的态度变了很多，他不但没有向他们道歉，而且见了他们都是冷冰冰的，就连卫生也懒得打扫了。没有想到的是，那三个同事非但没有和他记仇，反而对他变得礼貌多了。没有人再敢对唐佳昌吆五喝六，更没有人督促他打扫卫生，而是主动地承担起了自己应尽的责任。

有句话叫作"忍无可忍无须再忍"，如果忍耐和克制超过了一定的界限，我们就应该像唐佳昌那样学会表达自己的愤怒和不满，以这种最原始的方式去和别人进行沟通，表达自己的意见，表明自己的立场。

当然，表达个人情绪也要坚持一定的原则，万万不能因为需要发泄而忽视了必要的限度。心理学大师提醒我们，适当表达个人情绪的原则有以下三个。

1.态度要适度

碰到了让自己不开心的事情，可以用表达情绪的方式来表明自己的观点和态度，但是不能太过火。比如，发怒的时候不能"怒不可遏""怒火中烧"，否则，一旦超过了一定的限度，就会让自己陷入不理智的精神状态中，很有可能造成严重的后果。

2.谈吐要有分寸

人的情绪一旦失控，就难免会说出一些难听的话来，也很可能会出现一些侮辱他人人格、揭对方伤疤的言辞。说出这些话，固然能够表达出个人的观点和原则，但是难免会让事情朝着相反的方向发展。

3.时机要把握恰当

有个词叫作"当怒则怒"，意思就是说，发泄情绪的时候，一定要懂得把握好时机，既不能把时机提前，也不能将时机拖后，而要把发泄情绪控制在合理的时间段之内。假如你的情绪像脱缰了的野马一样，恐怕就会把事情给搞砸了。

书面沟通该如何展开

书面沟通就是以文字为媒体的信息传递形式，主要包括文件、报告、书面合同、信件等。这种沟通形式属于单方面沟通的一种。和其他的沟通方式相比较，它的优点是沟通的时间并不长，沟通成本也比较低。这种沟通的方式一般不受场地的限制，同时也显得比较正式，因此被人们广泛采用。

身处职场，如果我们遇到了一些重大事件，就不能局限于口头沟通的形式，而要及时地进行书面沟通。当然，要想让书面沟通起到显著的效果，我们应该把需要写的东西写得有吸引力一些。那么，怎样做才能让书面沟通具有吸引力呢？这就要求我们做到以下几点。

1.格式

（1）每段保持6行的内容。超过6行，就会显得拥堵，容易让人产生厌倦的心理；低于6行，则显得太简单，不能引起阅读方的重视。

（2）段落之间要空1行，以保证页面的整洁美观。

（3）使用数字序号。将你的意见用序号标示出来，显得有条理，能够让人很快了解你的想法和观点。

（4）运用小标题将较长的信息分开。这样他人阅读起来就不会太累，也能激起其阅读的欲望。

（5）关键部分用标题标出来。这样可以节省对方的阅读时间，也能让你的观点和看法更具有视觉冲击力。

（6）留出一些空白。如果把一页纸都写得太满，会显得非常拥挤，容易让人产生疲劳感。

2.内容

（1）要具有吸引力。想要让内容具有吸引力，就应该根据不同对象的阅读习惯和爱好来表达你的观点。通常情况下，大部分人不喜欢枯燥的理论和数字罗列，而是喜欢故事性的内容。因此，你在写东西的时候，应该尽量地以讲故事的形式来说出你的观点和看法。

（2）确定对收信人有好处。换句话说就是你所表达的信息可以满足对方的具体需要。比如，对一个公司的老板来说，你要尽量说明你提供的信息能够给公司带来多大的效益，可以为公司节省多少成本等。

（3）使用第二人称。你的报告或者是信件可能是同时写给几个人的，但是在称呼上绝不能用"你们"，而是应该用"你"。这是因为"你"是针对个人的，能够让对方了解到你对他的尊重和重视。如果使用"你们"，则会让你的意见成为泛泛之谈，也会让对方觉得你如此做只是例行公事，因此，他们也就不会对你的报告和信件引起足够的重视。

3.语言

（1）简洁明了。在口头沟通的时候，你可以随意一些，适当地作一些铺垫，然后再缓缓引入话题，进而缓解一下紧张的心情，营造一个和谐的沟通氛围。而书面沟通则不需要这么多的表面文章，如果你作的铺垫太多，对方往往就会看上几行之后还不知所云，在感到索然寡味之际对你的书信失去兴趣。因此，在进行书面沟通的时候，最好要简单明了一些，采用一些比较有吸引力的语言，这样既能做到让读者一目了然，又能提高沟通的效率。

（2）语言多带一些感情色彩。四平八稳的文字虽然显得比较正式，但是容易因为没有任何感情因素而无法引起读者的心理共鸣。如果你把一份书信或者是报告写成一篇说明文，就会让对方觉得你是在说教而不是在沟通，因此也就难以达到理想的效果。如果你在语言上多带一些感情色彩，就能让对方切实地感受到你的真诚和热心，也能顺利地拉近彼此双方的心理距离，从而增强彼此的信任和礼节，最终达成共识。

书面沟通对于公司的员工来说非常重要，如果缺少了书面沟通这一项，必定会对我们的工作产生一些不利的影响。因此，我们应该重视书面沟通，并了解这种沟通形式的技巧和方法，从而让我们在工作中的交流变得轻松自如、游刃有余。

开门见山，单刀直入

我们知道，在和一般人进行沟通交流的时候，需要进行一些铺垫，寒暄几句，以此来联络感情，进而营造一个良好的沟通氛围。但是，心理学大师告诉我们，并不是所有的沟通场景都需要进行寒暄，作些铺垫，在必要的时候，不妨选择单刀直入地交流。

深谙心理沟通技巧的人称，如果遇到了一些自视清高、目中无人、性格傲慢，摆出一副"唯我独尊"的样子姿态的沟通对象，就没有必要再去作话题的铺垫、情感的沟通了。因为在这个时候，你的赞美、寒暄和问候非但不能成为让话题继续下去的动力，反而成了他自高自大的资本。如此一来，就会造成沟通双方地位的不对等。在这种情况下，还不如开门见山、直奔主题实在些。

在生活中，随处可见自高自大、目中无人的沟通对象，在和他们进行沟通交流的时候，我们不要给他们表现骄傲自大的机会，而应直奔自己的主题，以此来打掉他们的嚣张气焰，进而征服他们。

两年前，杨彤离开了工作5年的国企，"下海"做了一名普通的销售人员。当时，她没有对自己提出过高的要求，因为她觉得市场并不一定认可她在国企的辉煌。

杨彤为自己整理思路：自己5年的国企工作经验可以看作一个纵向坐标，她了解房地产从开发到物业的全过程；如今，市场是个横向坐标，她需要对行业进行全面了解。

她经历了一些房地产业的运营流程，从事过财务、销售、策划、管理、客户、培训等环节的工作。

一次，杨彤参加一个大型的人才招聘会，来到一家心仪已久的公司。她早就听说过，这家公司人事主管工作能力一流，手腕强硬，同时也是个极为难缠的傲慢人物。杨彤决定和他的谈话要直奔主题，用能力来证明自己。

"这么大的人才招聘会，我只关注两家公司。最后还是把简历投给贵公司。"杨彤递上简历，非常真诚地告诉考官。

主考官立刻有了兴趣，试探着说了一句："你对我们的期望别太高。"

杨彤的话接得很有技巧："我从事这行的培训，从第一家到最后一家，经典案例始终是你们。现在，我想亲眼看看我听过的经典案例到底是怎样运作的。"

主考官立刻被她的话所吸引，就这样，杨彤赢得了面谈机会。

在面谈中，经过一番问答之后，主考官允许应聘者发问。到杨彤时，她的第一个问题就引起考官的兴趣："在北京市刚刚评选出的金牌发展商中，你们处于哪个档次？""据我估测，你们的收入应该是……那你们的转型是怎样操作的？"

一个接一个的问题让主考官惊讶异常："你对我们经营策略之了解，如同你是策划者一样。"

杨彤的表现，彻底折服了傲慢的主考官。

面对高高在上的人，善意的微笑、亲切的语言、感情的铺垫只会让对方更加看轻你。和这样的人进行交流沟通，就要做到话多不如话精，用一语中的、一针见血、开门见山、单刀直入、直奔主题的方式与之沟通。

心理学上认为，态度傲慢的人，多半有足以傲慢的条件。失去了这个条件，他们就会变得谦虚低调。作为和他们沟通交流的一方，我们需要做的就是搬掉他们的"梯子"，让他们不敢再仰着脸、装腔作势地和我们说话。

在运用单刀直入的沟通方式时，需要注意以下两点。

1.尽量缩短沟通时间

和傲慢者对话，时间越长，他就越摆谱。我们需要做的是将他摆谱的想法扼杀在萌芽之中，用最短的时间来和他交流。简单而又全面地说出自己的观点，得到他的反馈之后，转身就走，让他没有傲慢无礼的机会。

2.注意措辞和态度

单刀直入式的沟通的目的是沟通，而不是和对方吵架。我们在和别人交流的时候一定要注意这一点，绝不能把沟通变成挑衅和打压。在说话的时候，要注意自己的措辞和态度，态度应不卑不亢，不能居高临下，否则，就可能激起对方的怒火，导致矛盾的出现，最终让沟通变成战争。

| 第 14 章 |

信息流通，玩转现代网络交流法

没有任何一种沟通方法不是一成不变的，随着社会的发展，我们也要改进自己的沟通方法。在当今社会，随着互联网的发展，网络沟通法法已经被很多人掌握，然而，关于如何沟通，我们还需要作一些系统的归纳总结。

及时沟通，重视信息的时效性

现在，随着网络的发展，警察侦破案件的速度和手段也在逐步提高，这与网络沟通法有着密切的关系。实际上，网络沟通越来越重要，已经成为了一种不可或缺的沟通方式。

网络沟通具有及时性和迅速性两大特点，这和以前的拍电报、写信等方式相比，要方便快捷得多。

2010年，联邦调查局抓获了一对向外国非法组织出售核机密的夫妇。这对夫妇男的叫佩洛德，女的叫玛利亚，夫妻两个都在美国一个国家实验室从事核武器的研究工作。如果他们的阴谋得逞，必将给整个美国造成严重的不安定因素。万幸的是，联邦调查局及时发现了他们的阴谋，并将他们逮捕归案。

那么，联邦调查局究竟是如何抓住这对泄露国家秘密的夫妻的呢？参与破案的探员告诉记者，在抓捕过程中，网络沟通发挥了重大的作用。

联邦调查局早在几年前就对佩洛德进行过秘密调查，他们发现这个人见钱眼开，并且和委内瑞拉政府的关系很不一般。于是，联邦调查局决定派一名探员乔装成委内瑞拉官员和佩洛德夫妇进行联系。

假扮成委内瑞拉官员的联邦调查局探员在2008年3月份的时候和佩洛德夫妇进行了网络上的秘密接触。佩洛德见这位"委内瑞拉官员"开出的价格很高，异常兴奋，他一再向这名卧底保证，给他十年时间，一定能帮助委内瑞拉官员制造出原子弹。

这名卧底得知信息后，马上利用网络系统向联邦调查局报告，请求总部的指示。很快，总部反馈了信息。卧底按照总部的吩咐，与佩德罗进行了频繁的接触，为了消除他的戒心，卧底还向其账户上汇了一部分定金。在卧底和佩洛德进行接触的过程中，联邦调查局还专门为他们建立了一个安全可靠的网络联系站。

2008年9月，联邦调查局总部通过网络向卧底发出命令，要求其以委内瑞拉政府的名义向佩德罗提出几个和研制核武器有关的问题。4个月之后，佩德罗将一个装有答案的U盘交到了卧底的手上。

为了得到更多的证据，联邦调查局的卧底继续和佩德罗进行接触，并继续向其提问了更多与研制核武器有关的信息。在这次的沟通中，联邦调查局总局专门为卧底建立了一个安全指数相当高的信箱来保证他们联系渠道的通畅。这样一来，佩德罗就将和核武器研究有关的最新信息悉数发送到了该电子邮箱里。他每发一次信息，卧底就从网上向其账户中汇一笔钱。

到了2009年11月，佩德罗惊讶地发现，那名"委内瑞拉官员"已经消失了，当他还没有想明白是怎么回事的时候，联邦调查局的警察们就来到了他的面前，依法将其逮捕。原来，总部得到了足够的证据之后，就通过网络通讯与卧底取得了联系，下达了收手和抓捕的命令。

联邦调查局对佩德罗的住处进行了搜查。在他的房间里查扣了他的电脑、手机等通讯设备，从中又找到了一些相关的证据。狡猾的佩德罗一再进行自我辩解，但是在铁的事实面前，他只好低下了头。

上述事例证明，在现代社会中，网络已经成为了我们和同事、上司以及其他人沟通的重要工具。

现代心理学认为，在信息化时代，大部分人都以网络做中介来和别人进行沟通，就像事例中的联邦调查局，如果他们不肯与时俱进，固守原来的沟通方式，必将给破案带来重重困扰和阻力。

不得不说，网络沟通能够让相隔万里的人进行"面对面"的交流和沟通，迅速拉近人们之间的距离，这就确保了沟通渠道的顺畅与沟通时间的及时，是一种比较先进的沟通形式。

随着电脑和手机的普及，我们已经越来越离不开网络沟通了。有了网络，我们与外界的距离就越来越近，了解信息的速度也就越来越快。因此，我们应该充分重视网络沟通的作用，在工作和生活中多运用这一沟通新工具。

如何运用手机与人沟通

手机的诞生，大大提高了我们的工作效率，改变了我们的生活方式。到现在为止，手机沟通依然是最方便、最快捷的一种沟通形式。

当然，利用手机进行沟通的时候，需要掌握一定的原则。具体原则如下：

1.要选择对方方便的时间

（1）不论与他人有多熟，都要选择对方方便的时间打电话。时间最好是他人工作的时候，不能在对方休息的时候贸然打扰。

（2）运用手机进行公务沟通的时候，也尽量别占用别人的休息时间，尤其是节假日时间。

（3）用手机和单位领导沟通，要力求避免在对方的通话高峰和业务繁忙的时间内打电话。

（4）如果在国外出差，想用手机和同事、领导进行沟通，应该搞清楚出差所在地与单位所在地的时间差，尽量不要在他们休息的时候贸然拨号，即便你的同事、领导告诉你他的手机是二十四小时开机，最好也别打扰人家。

2.三分钟原则

在进行手机沟通的时候要力求遵守"三分钟原则"。所谓"三分钟原则"是指，打电话时，拨打者应自觉地、有意地将每次通话时间控制在三分钟内，尽量不要超过这个限定。这就要求我们在与别人进行手机通话表达信息的时候做到宁短勿长，若不是十分重要、紧急、烦琐的事务，一般不宜通话时间过长。

3.规范内容

（1）说话时要简明扼要。拨通别人的手机之后，除了首先问候对方外，要记得明确告诉对方自己遇到了什么问题，需要对方提供什么样的帮助。在手机通话中要本着务实的态度，不能吞吞吐吐、含糊不清，简单地寒暄一番之后，就要直奔主题。

（2）说话要话可而止。进行手机沟通时，如果要说的话已经说完，就应该果断地终止通话。如果反复铺陈、唠唠叨叨、没完没了地扯一些没用的话题，可能会令对方觉得你做事拖拉，缺少修养。

4.避免做电话机器

我们都知道，进行手机沟通的目的是解决工作中的问题，增进彼此了解，拉近彼此距离，而电话本身则没有任何感情色彩可言。因此，在打电话的时候，一定要给手机赋予感情色彩，达到使对方"闻其声如见其人"的效果。要达到这样的效果，就应做到以下几点。

（1）力求避免感情机械化。有为数不少的人会错误地认为手机只是传达声音的工具，只要把声音传给对方就可以了。因此，他们在利用手机进行沟通的时候，只是在发出声音、传递信息，并不在意自己说话的音调。这是不对的。

正因为对方不可能从手机中看见我们具体在做什么，所以，如果声音没有任何色彩、感情机械化，对方从手机中听到的声音就是平淡的、呆板的，甚至是不愉快的。如此一来，势必会影响彼此的沟通。这就要求我们在拿出手机时要运用自己的音调来表达出友谊和笑容。对方虽然不能看到你的表情，却会通过声音去揣摩，因此，你在说话的时候，音调担负着全部的责任。进行手机沟通时，你的声音要时刻充满笑意，比平时自己高兴时还要多的笑意。

（2）注意语调与语速。

声音通过手机后，音调会有一点改变。所以，在手机里语速要适中，音量也要适中。此外，嘴要对着话筒，一个字一个字地说，咬字要清楚；特别是说话者在说到数字、时间、日期、地点等内容时，一定要和对方确认好。

5.语言文明

（1）在对方按下接听键的时候，首先要向对方表示一下问候，然后再谈论需要求助的问题或者是其他内容，绝不能在自报家门之后就急匆匆地说出你想要对方做的事，以免让对方感到莫名其妙。

（2）在通话的过程中要避免出现脏字、粗词等难听话，尽量使用文明语言。

（3）按下挂机键之前，要学会说"再见"。如果少了这句礼貌用语，对方就会感觉有些突然。

网络沟通的真真假假，如何甄别

在现代社会，通过网络交流信息已经成为人们重要的生活内容。生活中，我们经常也会通过MSN等网络通讯工具来和同事、上司、朋友等进行沟通。因为和传统的沟通方式相比，网络沟通更方便、更快捷、更见成效。

不过，我们要知道，网络是一个虚幻的世界，有着很多难以克服的缺陷：高自由度、高时效造成可信度的下降，而多元性、交叉性和互补性则造成社会道德的混乱和异位。因此，网上的信息很可能是虚假的，如果轻易相信了虚假信息，就会给自己的工作带来极大的不便。

那么，怎样辨别信息的真假呢？网络专家告诉我们，这需要透过网络来了解信息交流者的性格。他们经过多年的网络沟通经验，为我们提供了以下几种方法，助我们了解一个人的性格，进而判断其提供的信息是否属实。

（1）喜欢把"哈哈"当成习惯的人大都很聪明，但生性与人有距离感，喜欢客套，不愿意与人交心；喜欢将"哈哈"挂在嘴边者，性格比较豪爽，看事也很乐观，一般不会说谎。

（2）喜欢用"呵呵"的人。多是一些木讷寡言之人，不愿意与人过多地交流，讲出的话也没有什么价值。如果对方只是偶然性地使用这个词语，就说明他对你有敌视心理，不愿意对你说实话。

（3）喜欢用标点符号的人，做事严谨，为人成熟，缺少趣味，朋友很少；喜欢用空格键来代替标点符号的人，都有一些小聪明，在做事的时候喜欢走捷径，甚至还有一些懒惰，在与人交往时有些抠门，不愿意和别人分享。

（4）喜欢用"……"的人大都没有什么坏心眼，心地比较善良，做事时有一些优柔寡断，还会有一种恐惧感。他们很少说谎，但是当面对重要的任务时，他们的心里都是拒绝的。

（5）喜欢用(*ˆoˆ*)、O(∩_∩)O、o(- ╰ - o#)、o(□)o之类表情的人。多是一些调皮可爱的年轻女性。她们性格开朗，为人热情，愿意为别人提供无偿的帮助，有时候会说些小谎，但总体而言还是比较可信的。

（6）喜欢用省略号、却将省略号的点数减半的人。一般做事都比较保守，潜意识里也会时不时地有一些追求完美的小心思。他们的性格大都比较温和，非常在乎对方的感受，也更注重自己在网络中的形象。在说话上，总能掌握好分寸，因此，深得朋友信任。

（7）网络沟通时打字的速度并不快，但说的话都很幽默风趣。这样的人大部分都比较有城府。他们不是打字慢，更不是反应慢，而是用在思考上面的时间远比交流上的时间长。他们讲的笑话要么是经过深思熟虑的，要么就是从网上搜索来的。他们这样做的目的是调节气氛，拉近彼此的关系，赢得对方的信任。不过，他们可以让别人信任他，却很少会轻易相信人，要想和他们推心置腹、无话不谈，可谓是难上加难。

（8）打字非常快，快到你根本找不到回复的空。如果遇到了这样的情况，就说明这个人对你有很大的好感。这样的人一般都是20岁上下的年轻人，他们对你非常信任，一见到你就恨不得把所有的心里话都说出来。也正是因为此，他们不会对你说谎，他们所说出的话也都非常可信。

（9）打字很慢，喜欢一句一句地说。这样的人比较理智，逻辑性比较强，遇事也很冷静。无论遇到什么意外，都不会出现手忙脚乱、不知所措的情况，有"泰山崩于前而色不变"的本领。这样的人在朋友圈子里比较有威望，能够赢得他人的信赖和好感。他们说的话不多，但基本上可以保证每一句话都是事实。

（10）喜欢自我美化。这样的人一般都有自恋倾向。他们非常在乎自己在别人心中的形象，希望得到别人的信任和好感。但可惜的是，由于他们说的话不足信，别人并不愿意和他们走得太近，也不愿意把他们当成朋友。

（11）喜欢挖苦人的人。这样的人一般都比较冷酷自私，不愿意帮助别人，哪怕是向他求助也没有用。他们对人对事往往采用双重标准，对自己很宽容，对别人却非常刻薄。如果遇到了这样的人，最好离得远远的，别想和他沟通出什么好的结果来。

一个小小的表情所代表的意思

对于现代社会的我们来说，网络沟通已经日渐成为沟通中的重要内容和途径。在很多时候，我们会用MSN来和同事、领导以及其他人之间联系。在使用MSN进行沟通的时候，我们不仅利用文字来进行意见的表达和想法的阐述，同时，还大量运用表情来和对方交流。现代心理学认为，文字虽然能够表达出个人的想法，却难以更好地表达自己的思想，有时候一句话很可能会让别人产生误解，而各种神态、动作的表情具有高度的灵活性和生动性，能够弥补文字方面的缺陷，可以更好地表达自己的意思。因此，MSN表情就成为了人们钟爱的表达途径。

我们在现实生活中，也离不开网络沟通。对于中国人来说，网络沟通的主要工具则是QQ。QQ和MSN运用的原理基本上是一样的，而QQ对话框里也存在着很多不同的QQ表情，我们应该学会利用这些表情，让它们来传递我们的想法和热情，以此博得沟通对象的好感。

MSN和QQ的表情运用，并没有固定的公式，只要能够表达自己的感情就可以了。为此，有一些网络专家从自身的网络沟通经验中提供了许多表情运用的心得，我们可以来参考一下：

（1）一般情况下，和沟通对象进行网络沟通的时候，第一句话通常都是"在吗"。很多人在打出这个短句的时候，通常都会加上一个伸舌头的表情。因为这个表情显得亲切可爱，会让对方感觉到你的存在，了解到你的善意。如果沟通对象是一个陌生人，则会立即消除对你的陌生感。

（2）向同事进行案情介绍或者是工作进展的时候，我们可以在某些句话的后面加上一些流汗、尴尬、露牙齿之类的表情。这样一来，就能让枯燥的工作交流变成温馨的情感沟通，既能让对方了解到工作的进展情况，又能生动地表达出自己的心情。

（3）如果沟通对象是我们的上司，他对我们的工作感到非常满意，在QQ上对我们进行夸奖的时候，我们可以做"淑女"状，以害羞的表情来回复，以表示受之有愧、不好意思的感受。

（4）沟通的时候，为了缓解一下对方的紧张情绪，我们可以给他讲一些小笑话。在用文字将笑话介绍完之后，可以不失时机地加上一个偷笑或者是呲牙大笑的表情，这样就能让对方感觉到自己的随和与亲切。

（5）如果对方不肯答应你的求助，你可以故作悲伤地发送一个心碎的表情。这样就避免了双方的冲突，也有利于继续保持双方良好的关系。另外，一个心碎的表情可以让对方迅速地了解到自己的处境，在同情心的作用之下，说不定他们会改变想法，主动为你提供帮助。

（6）遇到了爽快的客户，我们可以送个飞吻的表情来表示欣喜和感谢。这是女士专用符号，男士慎用。如果是男性，很可能会被人认为不自重。假如沟通对象是一个女性，她很可能把这个表情当成你对她的性骚扰。

（7）不明白沟通对象所表达的意思时，我们不提倡用文字告诉对方再说一遍，可以发送一个无奈流汗的表情来进行表达。

随着网络的不断发展，人们已经习惯了在网络的世界里运用聊天工具来和别人进行沟通交流。在交流的时候，人们也越来越意识到表情的作用。因为这些表情所传递的信息、所产生的作用，比一大段的文字要有效果得多。因此，我们在和别人进行网络沟通的时候，不要过度地依赖文字表达，还应该注意表情的运用。

使用电子邮件沟通时应注意的问题

现代社会，当我们与他人无法进行面对面的沟通时，就可以进行邮件沟通。从广义上来说，电子邮件属于非语言沟通的一种表现形式，在形象性、具体性上有着先天的缺陷。为了弥补这些缺陷，确保信息传递做到万无一失，我们需要掌握一些网络沟通技巧。

另外，使用这种沟通方式的时候需要注意以下几个问题。

一、选择使用电子邮件时需要考虑的问题

1.你的沟通是不是具有实践性

比如，现在你需要向某个专家了解一些破案的方法，那么你就应该在此之前和该专家建立联系并进行一些沟通。如果你在没有任何前提的情况下就向对方发送邮件，对方很可能会隔上相当长的一段时间之后才能看到你的邮件。一旦出现了这种情况，就会对你的工作带来不可估量的损失。

2.你的沟通对象是不是非常忙

如果你的沟通对象的手机总是忙音或者是关机，你就不妨发一个电子邮件给他。

3.你的沟通对象是否难以接近

在生活中，如果你的沟通对象是一个不苟言笑的人，而你的心理承受能力又比较弱，就可以采用发邮件的方式。

4.你的语言表达能力如何

如果你是一个不善言辞的人，而有些事情又不能躲避，在这种情况下，你就可以使用电子邮件的方式去和对方沟通。

5.沟通对象是否习惯使用电子邮件

尽管每个人都有自己的邮箱，但仍有为数不少的人不喜欢这种沟通方式。如果你的沟通对象不喜欢用邮件，你就应该采用其他的方式来和他沟通。

二、使用电子邮件时需要注意的问题

1.要有一个明确的主题

电子邮件的标题就好比是一篇文章的"文眼"，标题拟定的好坏，直接决定着对方是否愿意看你的邮件。我们在发邮件的时候，可以在标题的拟定上花一些时间，因为这关乎电子邮件沟通的成败。

2.内容简洁，语句流畅通顺

我们在给别人发送电子邮件的时候，可以多表达一些内容，但绝不能长篇大论，因为那样容易让对方感到疲倦，并失去继续阅读的兴趣；同时，要尽量地写短句，做到简洁紧凑，不能出现重复的现象。语言不要求有文采，但一定要语句通顺流畅，不能出现错别字。

3.格式规范，内容严谨

电子邮件一定要按照规范的信函格式来写，绝不能表现得太过随意；在用词上，要多使用敬语，避免使用网络用语或者是缩写文字，以免给别人造成困惑。在署名的时候要写上自己的真实姓名，不能使用网名；另外，在电子邮件里尽量别讲笑话和俏皮话，以免分散他人注意力。

4.避免出现太多的标点符号

我们经常会在一些电子邮件中看到许多的符号，尤其是起强调作用的感叹号使用得非常多。这种符号有着非常强烈的冲击力，但是它并不能引起人们的注意，只能引起更大的反感。因此，能不用就不用，如果想要强调某件事情，只须在用词遣字上强调一下就可以了。

5.适当的时候可以做到图文并茂

我们在发送邮件时可以发送一些图片附件，然后将这些附件与邮件本身紧密地联系在一起，而在邮件的正文则对附件进行说明和总结，从而为沟通对象免去需要一一打开才能获悉具体情报的麻烦。

比如，你向一个客户发送邮件介绍产品的时候，就要适当地附加一些图片，以便于对方加深对产品的了解。

6.理清建议或意见

如果想要表达对某一事情的看法，可先简要地描述事情缘起，再陈述自己的意见；若是想引发行动，则应针对事情可能的发展提出看法与建议。有时因讯息太过简短或表述不够清楚，收信对象可能会不清楚发信者陈述的到底是建议或是意见，因而造成不必要的误解或行动。

参考文献

[1]谭忠秀.每天10分钟精通沟通心理学[M].北京：人民邮电出版社，2012.

[2]王富军.受益一生的社交心理学[M].北京：中国商业出版社，2016

[3]成正心.活学活用沟通心理学[M].北京：电子工业出版社，2017.

[4]醉流枫.超级沟通心理学术[M].北京：台海出版社，2016.

[5]刘艳华.沟通心理学[M].天津：天津科学技术出版社，2017.